리프
레임

사양산업에서
살아남는 탈출법!

리프
레임
REFRAME

정수양 지음

B샵북

Prologue
실업자에서 건물주가 되기까지

"정 대표, 참 대단해. 그동안 말은 못 했지만, 솔직히 난 삼진이 진작 망할 줄 알았어."

아버지 때부터 회사를 오랫동안 찾아주는 단골손님은 우리 회사의 역사를 잘 알고 있다. 그 단골손님에게서 요즘 우리 회사가 버티고 성장하는 모습을 보면 용하다는 말을 듣는다.

나는 아버지의 회사를 물려받아 을지로에서 인쇄·출판회사를 운영한다. 아버지가 경영하던 시기에는 인쇄사로 잘 먹고, 잘 살 수 있었다. 경쟁업체라고는 손에 꼽을 정도여서 경쟁은 치열하지 않았고, 늘 일감이 넘쳐났다. 공급보다 수요가 많았던 덕분에 경쟁업체보다 두드러질 필요성조차 느끼지 못했다. 하지만 지금은 다르다. 어느새 인쇄업은 사양산업이자 레드오션이 되었다. 경쟁업체가 인터넷을 타고 국경을 넘어 이 시장으로 몰려들고 있다.

하루가 멀다 할 정도로 동종업계 회사들이 사라지지만, 새롭게 생기는 회사도 많다. 신생 회사는 그 나름의 어려움이 있지만, 대대로 이어진 '전통기업'이라고 어려움이 없는 것은 아니다. 물론 전통적인 방식에 안주한 나머지 노력을 게을리하는 회사도 적지 않다. '전통기업'은 오래 건실하게 경영한다는 이미지를 풍기지만, 실제로는 혁신하고자 하는 의지 없이 과거의 영광에 매달리다가 존폐의 기로를 맞이하기도 한다.

고백하자면 나와 우리 회사가 그랬다. 인쇄업이 사양산업으로 몰리며 기울어가고 있음에도 여전히 혁신을 단행할 마음이 없었다. 어쩌면 이것이 '전통의 무게' 때문이었는지도 모른다.

나는 자수성가한 아버지 덕분에 유년 시절을 부족함 없이 지낸 세상 물정 모르는 철부지였다.

아버지가 창업한 회사를 물려받고, 처음에는 사업이 순조롭게 이어지면서 지역에서 가장 주목받는 회사로 주변의 부러움을 샀다.

그러나 막상 아버지의 회사에 들어와 보니 한 발짝 떨어져서 보던 것과는 상황이 매우 달랐다. 회사는 기술자 출신인 아버지의 노하우로 생산성을 극대화하며 힘들게 이윤을 만들어내고 있었다. 그럼에도 회사는 언제부터인가 수십억 원의 부채를 떠안은 부실 회사가 되어버렸다. 단골 거래처들이 더 낮은 가격을 제공하는 경쟁사로 떠나면서 일감은 줄고 직원들 월급과 임차료를 대기도 버거웠다. 게다가 시간이 흘러도 회복될 조짐은 보이지 않았다.

공동으로 경영하던 아버지가 차라리 회사를 접고 다른 길을 찾아보자고도 하셨지만, 마땅한 대안이 없었다. 회사도, 가정도 책임지지 못하는 스스로가 한심한 인간으로 보였다. 대책 없이 하루하루 돈만 까먹고 있는 상황에 숨이 막혔다. 아무리 잘 나가던 회사도 무너지는 건 한순간이다. 어떻게든 이 위기에서 탈출할 방법을 찾아내야만 했다.

경영 수업을 시작한 지 얼마 지나지 않아 서서히 뜨거워지는 물속 개구리 신세인 회사와 나 자신을 발견했다. 역전의 명수인 창업주 아버지가 어떻게든 잘 해결해주시리라고 믿었던 철부지는 뒤늦게 현실을 인식하고 끓는 물속에서 탈출하려고 노력했다.

30대 초반에는 아버지와의 공동 경영자로, 40대에는 수십억 원의 큰 빚을 진 채무자로 살면서 실업자 신세가 될 뻔하다 치열하게 위기에서 탈출해 지금은 콘텐츠 업과 부동산업으로 살아가고 있는 나는 각각의 인생을 살면서 특수한 경험을 해 왔다. 그 과정에서 얻은 노하우를 이 책에 담았다. 늘 세상의 흐름을 주시하며 경영 공부를 현실에 적용하려고 노력했고, 무엇보다 좋은 멘토들을 만나 귀중한 조언을 들을 수 있는 행운을 누렸다.

나는 아직 성공하지도 않았고, 이 책은 자서전이 아니다. 이 책은 실업자가 될뻔했던 2세 경영자가 경영 승계부터 지금까지의 위기 극복 방법과 마음가짐을 적은 실용서다. 어쩌면 이 책은 회사와 직원이 함께 극복해온 르포나 다큐에 더 가깝다.

세상에 저절로 좋아지는 것은 없고, 과감한 행동만이 가라앉는 배에서 탈출하는 유일한 방법이다. 작은 회사의 가혹한 현실을 경험해 본 사람이 아니고는 작은 회사가 안고 있는 문제의 본질을 이해하고 진정한 해결책을 끌어내기가 어렵다.

책 쓰기도 나에게는 과감한 행동이었다. 책 쓰기는 삶의 길을 내는 작업이었다. 책 쓰기는 보이지 않는, 가보지 않은 길을 안내해주는 역할을 했다. 또 책을 쓰면서 내 생각이 맞는지, 다른 사람의 삶에 적용할 수 있는지를 계속 검증해야만 했다. 이 고통 없이 쉽게 책이 세상에 나왔더라면 아마도 나는 예전의 나처럼 철부지 작가 행세를 하고 있었을 듯하다.

이 책이 나오기까지 많은 사람의 도움을 받았다. 특히 아내와 아버지의 도움이 컸다. 아내와 아버지는 기꺼이 악역을 자처해줬다. 아니, 자기 모습을 그대로 공개하는 것을 허락해줬다. 또한 내 글의 첫 독자는 늘 아내와 아버지였다. 그런 점에서 이 책은 아내, 아버지와의 공저에 가깝다. 이 책으로 나의 경험과 지식을 공유함으로써 다른 사람들도 자기 삶에서 힘과 위로를 얻을 수 있길 기대한다.

참고로 이 책에서 말하는 작은 회사는 직원 20인 이하의 회사를 의미한다. 탈고 시점에 챗지티피(Chat GPT)가 나왔다. 내가 6개월간 고생해서 쓴 글을 AI가 단 3분 만에 써낸다고 생각하니 허탈하기는 하지만, 부족한 글솜씨가 오히려 사람 냄새가 난다는 핑곗거리를 찾아내서 다행이다.

2023년 6월 정수양

CONTENTS

Prologue   실업자에서 건물주가 되기까지

1장 돌파 경영의 시작   017

19 아버지의 자리에서 출발한 인쇄소

26 위기와 실패

42 운명을 바꾸고 싶다면, 시간·사람·장소 이 세 가지를 바꿔라

2장 돌파 경영의 핵심이 되어준 16가지 방법   055

57 소망을 이루어주는 메모의 기적

60 신문 4종 읽기

63 단순함

67 정신력

73 건강관리 방법

75 약속과 신뢰

77 독서와 글쓰기

81 소통

87 작은 회사 경영 노하우

93 경영 승계

98 가족 경영 가화만사성(家和萬事成)

106 인재경영

114 월급 올려주고 싶은 직원

119 게으름은 부지런함의 목적

122 사장의 필요를 지우는 OKR 경영

128 재무 회계

3장 리프레임 Reframe　　　　　　　　　　　　　　　133

135　무리해서라도 사옥을 마련해야 하는 이유
146　현실적인 일보다 비현실적인 일이 더 쉽다
149　디지털 트랜스포메이션(Digital Transformation)
155　전통을 재해석하면 새로운 미래가 보인다
161　브랜드
170　프레임

4장 돌파 경영으로 사양산업에서 탈출한 사례　　　　179

181　사양 회사, 망할 뻔한 회사에서 탈출하다
187　태극당
193　넷플릭스
198　삼진어묵
205　일광전구
210　후지필름(Fujifilm)
214　트렌드를 읽고 콘텐츠를 다루어야 하는 시대

Epilogue　하고 싶다는 건 할 수 있다는 것이다

돌파 경영의 시작

아버지의 자리에서 출발한 인쇄소

위기와 실패

운명을 바꾸고 싶다면, 시간·사람·장소 이 세 가지를 바꿔라

아버지의 자리에서
출발한 인쇄소

'실업자'라고 적은 장래 희망

끊임없이 문제를 해결하고, 의사결정하고 실행해야 하는 일이 경영이다. 기질적으로 이런 일을 매우 어려워하는 내가 경영자 노릇을 하고 있다. 아마도 어렸을 때 했던 말이 씨가 됐기 때문인 것 같다.

초등학교에 입학한 지 얼마 후 수업 시간에 선생님이 A4용지를 학생들에게 나눠주며 장래 희망을 적어보란다. 한참을 생각하다 '실업자'라고 적었다. '실업가'를 '실업자'로 착각한 결과였다. 당시에는 기업가를 실업가라고 불렀다. TV만 켜면 대통령, 기업인들이 영웅처럼 등장했다. 이른들은 그때마다

"너는 커서 저런 훌륭한 실업가가 되어라."라고 말했다. 나도 모르게 장래 희망으로 '실업가'가 자리 잡았다. A4용지에 적은 글이 씨가 되어 아무튼 나는 현재 중소기업의 기업가로 살고 있다.

사람들은 성과의 비결로 추진력, 열정, 그릿(GRIT) 등을 꼽는다. 그것들은 내면 깊은 곳에서 나와야 한다. 여기에 재미있는 역설이 있다. 내면에서 나오는 그 힘이 '외부'의 어떤 점에서 나오는 경우가 많다는 점이다. 예를 들면 메모, 운동처럼 사소한 습관에서 부터.

인쇄소집 큰아들

어릴 적부터 나는 인쇄소집 아들내미로 불렸다. 청년 가장이었던 아버지는 친척이 운영하는 인쇄사에서 근무하던 중 5.16 군사정변 세력이 혁명 전단지를 인쇄하며 역사를 만드는 현장을 눈앞에서 목격했다. 이때의 인연으로 대한민국 중앙정보부(현 국가정보원)에 인쇄 직원으로 스카우트됐다. 당시 대한민국의 인쇄 수준은 엉망이었다. 60~70년대에 남북

간 '삐라 전'이 극심했던 시기에 북한 전단에 비해 대한민국의 전단의 인쇄품질이 떨어진다는 대통령의 불호령이 내려왔고, 인쇄 선진국 일본의 기술을 수입하고자 보낸 파견단에 아버지가 포함됐다.

손이 섬세하고, 눈썰미가 좋은 아버지는 솜씨 있게 인쇄 색채를 뽑아내는 실력을 인정받았다. 그렇지만 공무원 월급만으로 여섯 식구를 부양하기 어려웠던 아버지는 지하실에 조그만 인쇄 장비를 마련해두고 부업을 시작했다. 아버지는 시간이 흘러 부업 수입이 직장 월급보다 더 많아지자 사표를 내고, 을지로 뒷골목에 '삼진사'라는 인쇄사를 창업했다.

그렇게 내가 태어나고 자란 환경도 인쇄소였다. 어린 나는 인쇄에서 쓰고 남은 종이 위에 낙서하고 그림을 그리며 놀았고, 커서는 틈틈이 아버지 일을 도왔다. 일손이 부족한 겨울엔 친구들과 함께 일주일 동안 다이어리 커버를 씌우는 아르바이트를 하곤 했다. 손가락에 골무를 끼면 감각이 둔해져 작업속도가 느려지고, 골무를 벗으면 손가락의 피부가 벗겨져 피가 흐를 만큼 고된 일이었다. 인쇄소가 어떤 곳인지, 어떻게 일하는지를 보면서 자란 나는 절대 인쇄업은 하지 않겠다고 다짐했다.

뉴욕의 대학교에서 방송을 전공한 나는 졸업 후 뉴욕의 한인 방송국 KBC(Korea Broadcasting Center)에서 일을 했다. KBC는 뉴욕주의 교포를 대상으로 방송국과 신문사를 함께 운영하는 회사다. 방송국과 신문사 양쪽을 오가며 일했는데, 신문사 일이 편하고 익숙했다. 아마도 어릴 때부터 접해왔던 종이와 잉크의 냄새가 익숙했으리라. 하지만 미디어 일이 기대했던 만큼 창의적이지 않아서 실망했다. 무거운 카메라, 마이크, 조명기를 들고 현장을 누비다가 돌아와 편집실에서 밤늦게까지 편집 작업을 하면 녹초가 됐다. 오랜 타국 생활에 심신이 지쳐 있던 나는 귀국해 광고대행사에 입사했다.

광고대행사 AE(Account Executive)의 주 업무는 외국 명품 광고를 잡지에 게재하는 일이다. 명품 회사의 마케팅 담당자와 소통하려면 영어와 해외 트렌드에 대한 지식이 필요했다. 광고대행사 일도 쉽지 않았다. 돌이켜보면 모두 직장의 문제라기보다는 내 성향의 문제였던 것 같다. 철저하게 고객의 입장에서 생각하고 움직여야 하는 것이 비즈니스의 상식이지만, 나는 잡생각이 많았다. 일을 왜 이런 방식으로 해야만 하나, 더 쉽게 할 수 있는 방법이 있지 않나, 이 일이 나와 고객에게 어떤 의미가 있나 등 나만의 생각이 가득하다 보니 일이 피곤해졌다. 게다가 언제부터인가 직업에 대한 확신이 사라지면서 불안해졌다. 유명한 회사라고 해서 나에게 좋은 직장은 아니라는 생각이 들었다.

무엇보다 나의 일을 하고 싶다는 마음이 생겼다. 창업과 동업 중 고민을 거듭한 끝에 떠오른 종착지는 절대로 가지 않겠다던 아버지의 인쇄회사였다. 회사는 언제나 손님들로 북적였다. 지금은 카메라 이미지를 곧바로 인쇄하지만, 그때는 꼼꼼한 수작업으로 필름을 대지에 통합하는 과정을 거쳐 인쇄했다. 기술자의 실력에 따라 인쇄품질에 확연한 차이가 있었다. 아버지의 기술력은 을지로를 넘어 지방에서 찾아온 이들에게도 인정받을 정도였다.

마침 아버지가 잡지 발행을 시작했고, 아버지의 기술과 나의 미디어 지식을 결합한다면 다른 일보다 성공할 확률이 꽤 높아 보였다. 이렇게 생각을 정리하고 보니 인쇄에 대한 부정적인 기억은 어느새 사라지고 머릿속에는 온통 사업을 해야겠다는 생각이 가득 찼다. 그렇게 몇 달을 혼자 끙끙대고 나서 슬쩍 속내를 꺼내자 아버지는 기다렸다는 듯이 말했다. "그래. 잘 생각했다. 그러잖아도 나도 너에게 말을 하려던 참이었는데."

무림 고수도 잔심부름부터

아버지는 60세를 넘기시면서 후계자를 생각하고 있었던 시점이었다. 진작부터 나에게 말해볼까 했지만 번듯한 직장 다니고 있는 아들에게 할 말은 아닌 것 같아 망설였다고 한다. 아버지는 말씀하셨다. "너도 크면서 보지 않았느냐? 회사 운영이 보통 힘든 일이 아니다. 하지만 잘만하면 웬만한 직장생활보다 너의 가능성을 펼칠 수 있다." 바로 내가 듣고 싶었던 말이었다. 지금은 비록 작은 회사지만, 열심히 하면 남부럽지 않은 기업으로 키울 수 있지 않겠냐는 희망이 솟구쳤다.

하루빨리 아버지에게 경영 방식을 전수 받고 싶었지만, 아버지의 생각은 달랐다. 밑바닥부터 차근차근 배워 나가야 한다며 회사의 온갖 잡일을 시키셨다. 화장실 청소, 인쇄기 청소, 배달업무. 운전기사 업무, 외상 대금 수금 등. 중국 무협영화의 고수도 처음에는 잔심부름만 했다고 하니, 나도 곧 무림 고수가 될 것만 같았다.

일감이 쏟아져 들어왔다. 전 직원이 밤낮없이 일했다. 집에 못 들어가는 날이 많아 회사 옆에 여관을 잡아두거나 사무실에 야전침대를 두고 직원들과 함께 동고동락했다.

열심히 일하며 이뤄낸 사옥 계약

당시엔 온라인뱅킹과 신용카드가 활성화되기 전이라 거래 대금을 현금으로 결제받았다. 월말이면 각 거래처에서 지폐 다발로 수금을 해왔다. 쇼핑백에 한가득 현금을 담아오다 소매치기를 만날까 봐 걱정하기도 했다. 이렇게 수금 받은 현금이 조금씩 쌓였고, 아버지의 오랜 꿈이던 사옥을 계약했다.

위기와 실패

신뢰가 부도로 이어지기까지

당시 꽤 인지도 있는 <A 시사경제지>와 거래했다. 종이부터 인쇄·제본까지 종합으로 대행하는 일이었다. 약속 어음으로 결제가 들어왔다. 신용 조사를 해보니 안전하다는 진단이 나왔다. 당시엔 약속 어음, 당좌거래가 보편적이던 시절이었기 때문에 문제없다고 여겼다. 받은 어음은 배서해서 매입거래처에 결제했다. 그런데 어느 날 경리팀에서 연락이 왔다. A사가 부도가 났다는 소식이었다. 놀란 가슴으로 달려갔다. 채권자들이 몰려와 회사는 난장판이었고, 사장은 어디론가 피신해 연락이 두절됐다.

A사에서 받은 어음은 휴지 조각이 돼버렸다. 무엇보다 급선무는 매입거래처에 결제한 만기 도래 어음을 막는 것이었다. 급한 대로 사옥 매입을 위해 마련해둔 자금으로 돌아온 어음을 막았다. 그렇지만 막아야 할 어음이 연달아 돌아왔다. 부도낸 A 사장을 조사해보니 수개월 전부터 계획적으로 재산을 빼돌린 정황이 확인됐다. 법망에서 빠져나갈 방법을 치밀하게 계획했던 흔적이 보였다. 아버지는 괴로워했다. 이 상황에서 우리는 신용을 지켜야 하는가? 부도를 맞았으니 부도를 내버릴까? 차라리 개인파산을 신청해버릴까? 거래처 잘못 만나 일평생 모은 재산이 날아간 판에 아버지의 심정이야 이해하고도 남을 정도였다.

망연지실하고 있을 때 회사의 임직원들이 아버지를 찾아왔다. 회사가 정상화될 때까지 급여 50%를 자진 반납할 터이니 힘내서 함께 일어나자고 했다. 그 말에 힘을 얻은 아버지는 정신을 가다듬고 노후 자금, 자식 결혼자금으로 모아둔 적금을 깨고, 집안의 귀금속을 팔아 빚잔치를 했다.

돈은 잃었지만, 신용은 지켜냈다. 그렇게 다시 시작했다. 어려움 속에서 신용을 지킨 아버지, 기꺼이 고통을 감수해준 직원과 협력업체 덕분에 회사는 다시 시작할 수 있었다. 만일 그때 잘못된 선택을 했다면 어땠을까 생각하면 벌써 아찔해진다.

이런 일을 당하면 억장이 무너지고 화가 치밀어 올라 아무 일도 못 한다. 돈을 잃어서 한 번 죽고, 원망하느라 두 번 죽는다. 도마뱀은 꼬리가 밟히면 얼른 꼬리를 끊고 달아나 생명을 보존한다. 이미 잃은 것보다 남아 있는 것, 그리고 앞으로 다가올 기회가 더 소중하다는 것을 명심하자.

개인파산이라는 유혹

개인파산을 결정하면 큰 빚이 사라져버리고, 채권자들의 시달림에서 벗어나서 당장은 마음이 편안해질지 모른다. 하지만 이후의 인생은 완전히 달라진다. 위기를 극복하고 부활한 경영자는 많다. 아버지도 그랬고, 나도 그랬다.

인내하며 방법을 찾아보면 회생할 방법이 얼마든지 있는데 안일하게 개인파산을 신청하는 사람이 많다. 중요한 것은 경영자가 어떻게 해서든 사업을 존속시키겠다는 강한 의지다.

나 역시 수십억 원의 빚더미에 깔려있을 때 수 없이 자주 극단적인 생각을 했다. 그러나 가족과 회사를 지켜야겠다는 일념으로 돌파구를 찾기 위해 필사적으로 노력했고, 결국 부채의 늪에서 기적적으로 살아 돌아올 수 있었다. 개인파산을 하면 은행과 신용기관에 이름이 올라가고, 새 출발을 할 수 없다. 부활할 가능성이 조금이라도 있다면, 개인파산을 신청해서는 안 된다.

꿈에 그리던 유명 잡지사와의 거래

이름만 대면 알만한 유명 잡지사의 인쇄 일을 수주했다. 잡지사의 편집장이 야행성이어서 오후 늦게 출근해서 심야에 일하곤 했다. 그 업무 패턴에 맞춰 그 팀의 프로세스가 돌아갔다. 잡지계의 미다스 손이라 불릴 정도로 탁월한 능력을 인정받는 사람인지라 모두가 군말 없이 따르는 상황에서 을이 불만을 내뱉을 수도 없었다. 편집장 생활 패턴에 맞춰 일주일 정도 밤일을 하면 그야말로 초주검이 된다. 못 해 먹겠다는 직원들을 독려하며 함께 밤을 새웠다. 비록 힘들었지만,

메이저 잡지사와의 거래실적이 쌓이면 회사의 레퍼런스이 되니 또 다른 기회를 만들 수 있다는 기대감으로 버텼다.

그러던 어느 날, 그 잡지사가 우리와의 거래를 종료하고 경쟁사로 옮겨간다고 통보해왔다. 지금까지 한 고생이 아까워서 어떻게든 붙잡아보려고 했지만 안 통했다. 그렇게 1년의 고생은 허무하게 끝나버리고, 우리는 원래의 자리로 돌아왔다. 무엇이 문제였는지 그때는 정확히 알 길이 없었다.

거래처에게 버림받았던 이유

느닷없는 거래 종료 통보를 받은 이유는 고객과의 소통 부족이었다. 고객의 마음을 읽어서 처리해 주는 것은 물론, 고객 자신도 알지 못하는 필요까지 해결해야 했는데 리더인 내가 실무와 현장에 매몰돼 있다 보니 그 부분을 놓친 탓이었다. 현장에서 진두지휘하겠다는 의욕이 오히려 일을 망치고 있었다.

제조업 분야의 중소기업 대표 중에는 하나부터 열까지 자신이 모든 일을 맡아서 처리하는 사람이 많다. 직원을 못 믿기도 하고, 본인이 직접 나서면 비용을 줄일 수 있기 때문이다. 그러나 경영자가 지나치게 현장에 매몰되면, 회사의 미래를 위해 지혜로운 결정을 하지 못한다. 현장은 직원에게 맡기고, 경영자는 한 발짝 떨어져서 고객과 시장을 관찰해야 회사가 지속적으로 성장할 수 있다. 현장을 내버려 두라는 의미가 아니다. 경영자에게는 경영자만이 해야 하는 일이 따로 있다.

만일 사업에 메뉴얼이 없다면 그건 사업이 아니라 장사다. 대표가 직접 뛰어야, 손이 닿아야 일이 굴러간다면, 그것 또한 장사다. 당신이 하는 일이 직원 노동력의 연장선에 있다면 당신은 경영자가 아니라 근로자다. 어쩌면 근로자보다 더 취약한 상황일 수도 있음을 짚어봐야 한다.

첫 번째 도망

나는 살면서 두 번 업(業)에서 도망친 적 있다. 첫 도망은 20대 후반이었다. 번듯한 직장에 정장을 입고 출근하는 친구들이 부러웠다. 그간 배운 전공지식과 영어를 마음껏 활용하며 능력을 뽐내는 모습이 멋져 보였다. 반면 말이 좋아 경영

수업이지 기름때 묻은 작업복 차림으로 인쇄 골목을 전전하는 내 모습이 부끄러웠다.

어느 날 거래처 사장으로부터 전화가 걸려 왔다. "정 과장! 아버지에게 이야기해서 우리 결제 좀 빨리해달라고 해줘. 미국물 먹고 왔다는 사람이 그 정도 해결 능력이 없어?" 마치 지나가는 아이의 용돈을 빼앗는 듯한 말투였다. 이 계통에서 일하는 사람이 이 정도로 무례할 줄은 몰랐다. 화가 나서 전화상으로 대판 싸웠다. 억울함이 풀리지 않아 아버지에게 하소연했다. 그러나 아버지는 "이 바닥에 그런 일은 비일비재하다. 네가 적응해야 한다."라고 말했다.

 나름 뜻을 품고 들어온 이곳에서 이런 사람들과 일을 해야 한다는 게 너무 화가 나고, 스스로가 천하게 느껴져 참을 수가 없었다. 사표를 냈다. 뒤이어 이력서를 내서 면접 본 큰 회사에서 합격 연락이 왔다. 큰 회사에서 일부분이 될 것인가, 내 회사에서 전체가 될 것인가 고민한 끝에 다시 을지로 인쇄 골목으로 돌아왔다. 아무리 생각해봐도 '귀한 일의 부품' 보다는 '천한 일의 주인'으로 사는 것이 더 좋았다. 다만, 천한 일을 귀한 일로 바꾸어보자는 오기가 생겼다.

두 번째 도망

교육감 선거 캠프의 옥외 광고 일을 맡았다. 옥외 광고는 우리의 전문 분야가 아니었지만 꿩 대신 닭이라는 심정으로 맡았다. 선거운동 시작과 동시에 서울 시내 곳곳에 현수막 500개를 선점해야 했는데, 잘 보이는 포인트를 선점하기 위해 경쟁후보자와 피 터지는 자리 싸움을 했다.

선거 경험이 많은 상대 후보 측이 좋은 자리를 빠르게 많이 선점했다. 다음날부터 민원 전화가 빗발쳤다. 상대 후보보다 우리 후보가 안 보인다는 캠프 내부의 민원, 현수막 때문에 가게 간판이 가려져 장사가 안된다는 상인들의 민원, 엎친 데 덮친 격으로 비바람이 불어 현수막이 계속 떨어지는 사태가 발생했다. 민원까지 해결해주는 것이 계약조건이었기에 바로바로 설치 기사를 수배해 조치해야만 했다. 설치 기사를 부르면 크레인 사용료와 출동 비용이 매번 추가되기 때문에 예상치 못한 큰 비용이 발생한다. 이대로라면 고생은 고생대로 하고 손해는 손해대로 보게 생겼다.

무엇보다 우리를 힘들게 했던 것은 같은 편 캠프 스태프들이 우리를 대하는 태도였다. '이 따위로밖에 일 못 하나', '만일 선거에서 패하면, 너희 책임이니 돈 받을 생각조차 하지 마라'라는 협박까지 해왔다.

선거의 패색이 짙어가던 어느 날 선거운동원 한 명이 현수막을 바닥에 팽개치며 우리에게 쌍욕을 하는 상황까지 생겼다. 꾹꾹 참아왔던 감정이 폭발해버렸다. "이 일 더 안 해!" 나의 외침에 캠프 안 스태프들의 시선이 집중됐다. 나는 직원들을 데리고 캠프에서 철수해버렸다. 우리를 천대하는 걸 도저히 참을 수가 없었다. 다음 날 나의 경솔한 행동을 후회했지만 억울하고 창피해서 도저히 돌아갈 수 없었다.

결국은 아내가 캠프에 들어가 나 대신 뒷수습을 했다. 이렇게 또 한 번 나는 내 일에서 도망쳤다. 결국 선거는 패했고, 상처만 남았다.

나쁜 고객

우리는 계약서에 갑·을 대신 동·행이라는 표현을 사용한다. 함께 가는 파트너라는 의미다. 나는 고객을 대할 때 어떤 희생을 치르더라도 만족시켜야 할 축복받은 인간이 아닌, 평등한 거래 파트너로 대한다.

 일하다 보면 나쁜 고객을 만난다. 직원들에게 함부로 대하고, 폭력적 행동을 보이거나 지나친 서비스를 요구하며 억지를 부리기도 한다. 대가를 지불하는 고객이니 무슨 짓을 해도 괜찮다고 생각한다. 이런 고객들은 서비스를 제공하는 사람들보다 서비스를 제공받는 사람들이 우위에 선다고 믿는다. 그러나 서비스를 제공하는 대신 대가를 지불하는 것은 동등한 거래다. 이 거래 속에 인격적 모욕이나 무례한 행동은 포함되지 않는다.

 나는 우리 직원들에게 이런 고객들을 거부할 재량권을 주었다. 우리는 사업을 하는 사람이지, 화풀이 대상이 아니다. 서비스에 자기희생이 포함된 제품을 넣어 팔지도 않는다. 마음에서 우러나는 서비스만을 제공할 환경을 만들어주는 것이 경영자의 책임 중 하나다. 우리의 거래처나 하청 업체들에게는 우리가 고객이다. 업체가 지불할 대금은 언제나 상품 검증과 동시에 이루어진다. 우리는 고객을 존중하되 비굴하지 말고, 고객의 입장이 되었을 때 역시 그들에게 감사와 존중을 통해 우리의 가치를 스스로 높이길 바란다.

이용만 당한 거래

　오랜 거래처이자 성수동의 땅 부자로 소문난 대형 인쇄사 J사에서 제안이 들어왔다. 우리 회사의 CS팀을 자기네 회사 안으로 입주시켜 달라는 요청이다. 당시 J사의 매출이 우리 회사 매출의 30%를 차지하고 있으니, 인하우스로 들어가는 것도 괜찮겠다는 계산이 나왔다. 설비와 인력을 추가해 J사 안으로 들어갔다. 인하우스 효과로 J사와 우리 회사의 매출이 동반 상승했고, 20%였던 매출 비중이 50%까지 늘어났다. 7년쯤 지났을 때 청천벽력 같은 소식이 들려왔다. J사가 성수동 사옥을 매각하고, 파주로 이전한다고 했다. 당황스러웠다. 우리의 직원과 설비도 함께 이전하도록 요청했으나 받아들여지지 않았다. 그렇다면, 직원과 설비를 인수해달라고 했다. 그것도 받아들여지지 않았다.

　결국 J사는 자체 설비와 직원을 갖추고 이전했다. 그동안 우리의 운영 노하우를 흡수했기 때문에 시행착오 없이 세팅할 수 있었다. 우리에게 남겨진 건 유휴 설비와 잉여 직원, 그리고 사라진 50%의 매출이었다.

　억울했지만 강제할 만한 벌칙과 위약 조항이 없기에 어쩔

도리가 없었다. 무엇보다 J사는 VIP 거래처였기 때문에 우리의 주장을 계약서에 꼼꼼하게 넣지 못한 게 아쉬웠다. 이렇게 VIP 고객과의 관계가 틀어지면 우리 회사에 치명적이었다.

 이 경험을 통해 한 가지 깨달은 바가 있다. 아무리 가까운 사이일지라도 계약서는 철저하게 작성해야 한다. 계약서 작성 시에는 반드시 best와 Worst 상황에 대해 합의해야 뒤탈이 없다. 계약의 기본은 모든 시나리오를 상정하는 것이다. '우리 사이에 뭐 이런 것까지…'라며 계약서에서 필요 조항을 빼버리면, 일이 틀어지고 난 다음에는 해결하기가 어렵다.

3년 만에 접은 신사업

'종이출판은 끝났다. 이제는 포장, 패키지 인쇄가 답이다.' 쿠팡. 마켓컬리. 배달의 민족 등 배송 비즈니스가 커지면서 포장 인쇄의 성장이 폭발적이다. 트렌드에 발맞춰 친구와 함께 패키지 인쇄 설비에 투자하고, 패키지 디자이너를 채용하여 패키지 사업을 시작했다.

 하지만 기대와 다르게 1년이 지나도 사업의 성과가 나오질 않는다. 투자비는 계속해서 들어가는데 매출이 나오지 않으니 동업자 친구와의 사이도 껄끄러워졌다. 나는 친구에게 "너 믿고 시작했는데, 이게 뭐냐."면서 쏘아붙였고, 친구는 제 역할을 제대로 못 하는 나를 불만스러워했다.

패키지 인쇄는 지금까지 내가 해온 출판 인쇄와는 완전히 다른 일이라는 것을 뒤늦게 깨달았다. 결국 패키지 사업을 접기로 한다. 수익성이 좋다는 말만 듣고 안일하게 판단한 나의 실수였다.

매출이 떨어져도 지켜야 하는 자부심

매출이 떨어져 불안하던 시기가 있었다. '이러다 망하는 거 아냐? 뭐라도 해보자.'라는 욕심으로 스티커, 명함, 현수막을 상품 구성에 추가했다. 사람들은 '인쇄'하면 흔히 명함, 스티커, 박스, 현수막을 생각한다. 우리 회사가 전문적으로 해왔던 일이 출판·인쇄였음에도 불구하고 당장의 매출과 현금 앞에서 중심이 흔들렸다. 그러나 우리의 전문 분야가 아닌 그 일들은 우리의 자부심을 떨어뜨렸다.

어느 순간 '우리가 지금 남들 다하는 명함, 현수막 만들려고 이 사업을 하고 있는가?'라는 생각이 들었다. 그래서 우리가 가장 잘하고 고객들이 인정하는 일은 책을 만드는 것이라는 초심을 잊지 않기 위해 회사 벽에 슬로건을 붙였다. '책으로 사람과 기업의 가치를 높입니다.'

마음이 흔들릴 때마다 슬로건을 보며 처음을 기억해 봤다. 그때의 각오와 심정을 떠올리고 슬로건을 다시 한번 읽어봤다. 책만 잘 만들어도 성공할까, 말까 하는데 이것저것 하려 들지 말아야겠다고 마음을 다잡았다.

누구나 처음에는 목표를 두고, 기업의 미션, 비전, 전략을 설정한다. 하지만 경영 상황이 안 좋아지면 눈앞의 이익을 따르게 되고, 그러는 사이에 중심을 잃어버리기도 한다. 회사의 목표를 전 직원이 공유하기도 어려워진다. 회사의 지향점이 하나로 모이지 않으면 직원들의 마음도 하나가 되지 못한다. 이는 매우 위험한 상황이다. 이런 상황이 되지 않게 하려면 경영자가 중심을 굳게 유지해야 한다. 사업의 방식은 시대나 환경에 맞게 수정하더라도 중심은 잃지 않는다는 강한 마음가짐이 필요하다.

또 회사의 5년 후, 10년 후를 내다보며 경영의 방향키를 잡아야 한다. 당장 1년 뒤 상황도 알 수 없는데 어떻게 10년 후를 내다보느냐고 말할 수도 있겠다. 회사의 비전을 실현할 수 있을지 없을지는 둘째치고, 어떤 길로 나아갈지 중심을 잡으면 쓸데없이 샛길로 빠지거나 길을 잃지는 않을 것이다.

착한 사장이 실패하는 이유

모든 사람에게 좋은 사람이 되고 싶어 한다. 모든 사람에게 좋은 사람은 모든 사람에게 나쁜 사람일 수 있다. 때로는 냉정하고 단호하게 대처하며 싸워야 한다. 싸워야 할 때 물러선다면 가장 가까운 가족과 직원들이 다친다. 쉽게 양보하는 사장은 실패하기 쉽다. 사업에서 양보는 패배와 파산으로 연결될 수도 있다. 양보는 명분이 있을 때만 해야 한다.

도움 청하길 힘들어하는 착한 사장은 실패한다. 세상에 혼자 할 수 있는 일은 드물다. 도움을 청하기 힘들어한다면 혼자 일하는 1인 자영업이나 해야 한다. 회사의 경영자는 결정하고 지시하고 확인하는 일을 일상적으로 진행해야 한다.

착하기만 한 사람은 사업을 할 수 없다. 착한 것은 세상이 모두 다 착할 때만 좋은 것이다. 세상은 한 번도 모두 착해 본 적이 없으니, 당신은 착함을 조금 버려도 괜찮다.

운명을 바꾸고 싶다면,
시간·사람·장소 이 세 가지를 바꿔라

높은 확률로 운명을 바꾸는 방법

월급 50%를 자진 반납한 직원들 덕분에 힘을 얻은 아버지와 나는 새 출발을 각오하고 일어났다. 아버지가 한평생 쌓아온 <삼진>이란 브랜드와 기술력을 믿고 독일에서 최신 장비를 도입했다. 열 사람이 할 일을 기계 한 대가 처리하게 되었고, 장비가 워낙 컸기 때문에 넓은 작업장이 필요했다. 을지로 뒷골목의 낡은 건물 3층으로 이사했다. 약간의 보수 공사로 공장과 사무실을 만들었다.

이렇게 새롭게 출발한 이후부터 지금까지 롤러코스터 같은 삶을 살아왔다. 나의 인생은 선택과 노력, 어떤 인도함이 결합하여 형성되었지만, 새로운 인연과의 만남과 새로운 환경에서의 경험도 나의 인생을 달라지게 한다는 것을 깨달았다.

운명을 바꾸고 싶다면 살아가는 시간, 만나는 사람, 살아가는 장소를 바꾸어보자. 복권 당첨보다 높은 확률로 운명이 바뀌는 방법이 여기 존재하는데, 시도해 보지도 않고 살아간다면 억울하지 않은가.

장소를 바꿔라

미국인과 일본인은 어째서 그렇게 다른 기질을 갖게 되었을까? 유전자도 한몫했을 테지만, 그들이 긴긴 세월 동안 살아온 땅의 영향을 받았을 가능성도 크다. 바닷가 사람과 산골 사람의 기질이 다른 것처럼, 사는 장소는 사람의 기질을 만들고 운명을 만든다. 경상도, 전라도, 충청도 등 지역마다 다른 지방색도 땅이 만들어낸 기질이다.

사는 곳이 기질과 운명을 바꾼다. 주역이나 풍수까지 따져보지는 않더라도 내 경험이 이를 말해준다. 나는 미국에서 몇 년 살면서 나에게서 전에 없던 미국인의 기질이 생긴 것을 현저히 느꼈다. 만약 그곳에서 더 오래 살았다면 그 기질은 더욱 강해졌을 것이다. 이민이 아니라도 낯선 곳으로의 이사나 여행도 내 삶의 기반을 바꾸는 방법이다. 이사와 여행은 새로움과의 만남이다. 새로운 만남은 새로운 인연과 운명을 만든다.

항상 똑같은 공간에 머물러 있으면 관성에 무뎌져 창의성이 생기지 않는다. 사람의 뇌는 낯선 상황에 부닥쳤을 때 활성화된다. 익숙한 환경에서는 뇌가 더 이상 일하지 않는다. 평상시 늘 다니던 길이 아닌 다른 길로 다녀보고, 새로운 가게에 들어가 보자. 익숙한 집-회사-집-회사라는 코스를 벗어나 한 번도 가본 적 없었던 동네로 가보고, 버스를 타고 지방 여행도 해보자. 보이지 않던 것들이 보이면 인식의 폭이 넓어진다. 여행은 새로운 장소에서 다양한 경험과 배움을 제공한다. 여행을 통해 다른 문화와 사람들의 생각과 관점을 이해할 수 있다. 새로운 상황에서 스스로 문제를 해결하면서 자신의 역량과 한계를 발견해 보자. 그 영감이 우리의 인생을 바꿀 수도 있다.

시간을 바꿔라

코로나로 세상이 막히고, 회사 자금이 막히고, 살길이 막혔다. 불면증이 지속되어 병원을 찾았다. 치료의 목적으로 성격 기질을 검사했다. 검사 결과 나에겐 반추하는 습관이 있다는 것을 알았다. 내 기억력이 좋은 편이었던 이유는 지나간 일을 되풀이하여 생각하는 반추 습관 때문이었다.

아내는 봤던 영화를 두세 번씩 보는 나를 이해하지 못한다. 아내는 지난 일을 잘 기억하지 못한다. 결혼 초기에 우리 부부는 자주 다퉜다. 나는 아내의 섬세하지 못함을 불만스러워했고, 아내는 별걸 다 기억하는 남편의 쪼잔함을 못마땅해했다. 알고 보니 두 사람은 지향점과 시간관념이 달랐다.

: 과거를 후회하지 말고 미래를 변화시킬 것

'뒤통수에 달린 눈의 시력은 2.0'이라는 미국 농담이 있다. 과거는 잘 보이고, 미래는 잘 보이지 않는다는 의미다. 사건, 사고가 났을 때 누군가에게 책임을 전가하는 모습을 뉴스에서 자주 보곤 한다. 근본 원인을 찾아내고 개선하는 것이 재발을 막고, 미래를 향하는 진정한 해결방법이다. 하지만 누구의 책임인지 분명치 않은 일에도 결국 희생양을 만들어내고, 희생양을 해결책 삼아 사건과 뉴스를 마무리하는 세태는 아쉽다.

지난 일의 잘잘못 따지기와 희생양 찾기는 조직의 스트레스와 면피용 거짓말을 양산한다. 바꿀 수 없는 과거가 아니라 지금 할 수 있는 현재와 바꿀 수 있는 미래에 집중하는 것이 좋다. 꿈꾸고 실행하는 사람들과 대화하다 보면 없던 기운도 생긴다. 과거만 이야기하는 사람들과 있으면 기가 빨린다. 미래지향적인 사람, 꿈꾸는 사람들과의 대화 속에는 배움과 성장의 기쁨이 있다. 나도 상대방에게 그런 기대감을 주는 사람이었으면 좋겠다. 미래의 가능성이 차단되지 않도록 마음을 열자. 바꿀 수 없는 일은 그대로 인정하고, 바꿀 수 있는 일은 바꿀 용기를 갖길, 그리고 이 두 가지의 차이를 구별할 수 있는 지혜를 갖길 바란다.

: 아침형 인간으로의 탈바꿈

사업을 한다고 밤낮으로 불규칙하게 생활한 탓에 건강이 망가졌다. 술은 관계를 위한 좋은 윤활유지만, 통제하기 어렵다. 무너진 자기 통제감은 불면증으로 이어졌고, 결국엔 우울

증을 얻었다. 결단이 필요했다. 늦은 밤의 세상을 떠나 이른 아침의 세상으로 떠나기로 했다.

비즈니스 조찬모임 BNI에 가입했다. BNI는 Business Network International의 약자로, 각기 다른 전문 분야의 대표가 모여 비즈니스 소개를 주고받는 세계적인 인맥 비즈니스 모임이다. 여기에서 매주 1회 아침 6시부터 8시까지 회의하고 교류한다. 기버스 게인(Giver's gain) 즉, 주는 자가 받는다는 철학을 밑바탕에 깔고 있다. 나는 이 모임이 매우 흥미로웠다. 새벽 일찍 일어나 활동하기가 힘들었지만, 매주 새로운 사람들과 만나되 취하지 않고 사업에 관한 이야기를 나누는 게 재미있었다. 물론 자연스럽게 얻게 된 정보와 네트워크도 좋았다.

얼리버드 클럽은 매일 새벽 5~6시에 서로를 깨워주고 응원해주는 미라클모닝 커뮤니티로, 화상회의 플랫폼인 줌(Zoom)에서 서로 간단하게 인사를 나누고, 각자 자신이 하고 싶은 일을 한다.

이른 아침 기상하는 습관은 혼자 지키기에는 매우 어렵다. 빨리 가려면 혼자 가고, 멀리 가려면 함께 가라는 말처럼 새벽 루틴을 지속하려면 동반자가 있어야 한다. 처음에는 일찍

자고 일찍 일어나기 힘들지만, 3주만 견디면 루틴이 생긴다.

일찍 일어나기 시작한 뒤, 처음에는 책을 읽었다. 그다음으로는 일기를 썼고, 글쓰기에 자신이 붙으면서 만화 그리기에 도전했다. SNS에 올린 나의 글과 그림을 본 사람들에게 반응이 오자 웹툰을 연재하기 시작했다. 서서히 늘어나는 독자 수를 보며 내친김에 책 한 권 써보자는 생각이 들었다. 그렇게 나의 책 쓰기가 시작됐다.

의지가 습관으로 변한다. 의지가 지칠 때는 습관이 대신 싸워준다. 24시간이던 하루가 30시간으로 늘어났다. 하루하루의 작은 성공이 쌓여 자기효능감이 생겼다. 중독된 무언가에서 벗어나고 싶을 때, 다른 세상에서 살 수 있는 최고의 방법은 낡은 습관이 지배하는 밤을 떠나 아침의 세상으로 떠나는 것에서부터 시작한다.

: 나만의 황금시간대 찾기

최적의 하루를 계획하는 첫 번째 단계가 무엇을 할지, 무엇을 하지 않을지 결정하는 것이라면, 두 번째는 언제 할 것인지를 결정하는 것이다. 최강의 성과를 올린 자들이 각자의 하루를 설계하는 방식은 천차만별이다. 모차르트처럼 한

밤중에 성과를 내는 사람이 있는가 하면, 베토벤처럼 새벽에 생산적인 사람도 있다.

단, 뛰어난 성과를 내는 사람들은 대부분 자기 머리가 가장 맑고 집중이 잘 되는 시간대를 파악하고, 이에 맞춰 하루를 설계한다. 자신에게 맞는 크로노타입(Chronotype)을 적절하게 이용하는 것이다. 크로노타입이란 사람들이 각자 24시간을 경험하는 에너지의 독특한 흐름을 가리키는 과학 용어이다.

나는 아침형 인간이라는 것을 깨닫고 난 뒤, 크로노타입에 따라 시간을 계획했다. 그러자 일이 편하게 돌아갔다. 성과의 최강자들은 몸의 자연스러운 리듬과 싸우지 않는다. 그들처럼 당신도 할 수 있다.

사람을 바꿔라

: 부자가 된 꼴통 친구

고등학교 때, 이길 확률이 없는 싸움을 자주 하는 마르고 깡좋은 녀석을 나는 '꼴통'이라고 생각했다. 녀석은 대학교 졸업 후 남들이 부러워할 만한 대기업에 입사했지만, 조직이 정한 시간과 규칙 안에서 해야 하는 일이 숨이 막혀 사표를 내고 부모님이 물려준 바닷가 모래를 긁어 건설사에 팔았다. 이후 지역 텃세와 싸워가며 돈을 꽤 모아 건설사를 인수했지만, 인수한 건설 회사는 노조가 강해 오너의 뜻대로 움직이지 않았다. 일감 수주가 안 되면서 본인 월급조차 해결하기 어려워 아내가 부업으로 식당을 차렸다. 엎친 데 덮친 격으로 동업자는 투자금을 빼서 해외로 나가버렸다. 사면초가에 빠진 녀석은 어떻게든 살아보려고 노력했다. 녀석은 고등학생 때보다 더 살이 빠진 모습이었다. 녀석의 얼굴을 보니 진짜 저러다가 죽을 수도 있겠다는 생각이 들 정도였다.

  최근에 녀석이 해외의 골프 리조트로 우리 부부를 초대했다. 경제적 자유를 얻어 1년 중 절반은 해외에서 생활하고 있다. 경영자가 회사를 이렇게 오래 비워도 되냐고 물었다. 녀석은 짧게 이야기했다. "의도적인 부재를 통해 오너 중심으로 돌아가는 기업이 아니라 프로세스 중심으로 돌아가는 회사를 만들었지. 직원들은 사장이 있다는 것만 알아."라고 말했다. 저절로 돌아가는 조직을 만들었다고 멋지게 말하는 녀석은 더 이상 꼴통이 아니었다.

: 낯선 사람에게서 얻는 이질적인 발상

나이가 들수록 사람들은 자신만의 익숙한 세계 속에 머무는 경향이 있지만, 성공하는 사람은 모험심과 호기심이 많다. 익숙하지 않은 일에 도전하고, 젊은 사람에게도 스스럼없이 말을 걸며 궁금한 것이 있으면 무엇이든 물어본다. 사람들은 모르면서 아는 척하는 사람보다 모르는 것은 모른다고 솔직하게 말하는 사람에게 더 친근감을 느낀다. 특히 젊은 친구들은 신뢰 관계만 형성되면 새롭고 신선한 정보를 얼마든지 가르쳐준다.

내 경험에 따르면 경영에 도움이 되는 정보를 가장 많이 얻을 수 있는 곳은 젊은 경영자 모임이다. 내가 가입해서 활동하는 '비즈니스네트워크 BNI'와 '가인지캠퍼스'에서는 매일 다른 분야의 경영자들 사이에 다양한 정보가 오고 간다. 같은 업종에서는 말할 수 없는 내용도 이해관계가 적은 다른 업종의 사람들에게는 자유롭게 말할 수 있다.

다른 업종의 사람들이 모일 때의 이점은 또 있다. 다른 업종에서의 관점과 방식을 자신의 업종에 적용하여 혁신적인 아이디어를 생성할 수 있다. 새로운 사람들과 인맥을 형성하고 비즈니스 기회를 발굴할 수 있다.

다른 업계의 사람과 이야기를 나누다 보면 자신이 얼마나 좁은 관습이나 상식에 얽매여 살아왔는지 알게 된다. 그리고 그런 관습이나 상식이 자유로운 발상과 행동을 얼마나 제약하는지도 깨닫는다. 참신한 비즈니스 모델을 제대로 도입하지 못하는 것은 바로 이 때문이다. 이 모임에서 멤버들은 별다른 거부감이나 고민 없이 편하게 자기 아이디어를 쏟아낸다. 즉석에서 프레젠테이션하면서 아이디어를 발전시켜나간다. 그들과 두세 시간 정도 수다를 떨면 책을 열 권 읽은 느낌이다. 콘텐츠와 열정을 가진 사람들과의 대화는 짧은 시간 안에 많은 것을 배우게 한다는 사실을 여러 번 실감했다.

이렇게 자기 일로 가슴이 뛰고 서로에게 자극을 주기 좋아하는 이들과 연결되어 있으면, 사람은 빨리 성장한다. 무색무취의 책과 정보는 사람만큼 즉각적인 자극, 가슴 뛰는 자극을 주기 어렵다. 주변을 찾아보면 당신에게 영감을 주는 좋은 사람이 있을 것이다. 그동안 절실하지 않았기에 찾아보지 않았고, 몰라서 지나쳤을 뿐이다. 내가 변하면 나에게 필요한 사람도 눈에 띄기 시작한다.

항상 다양한 경로에서 다채로운 정보가 들어올 수 있도록 의식적으로 마음을 열어놓자. 다른 사람과의 만남 속에 귀중한 정보가 있을지도 모른다는 사실을 반드시 염두에 두길 바란다.

: 성공한 사업가들의 공통점

나는 여러 업종에서 여러 유형의 사업가들을 만날 기회가 있었다. 일정 규모로 사업을 키운 사람들은 다양한 성공 방정식을 가지고 있지만, 이러한 몇 가지의 공통점이 있다.

1. 사람을 귀하게 여긴다. 귀인은 찾는 것이 아니라 만드는 것이다. 공부든, 사업이든 무엇을 배우는 가장 빠른 방법은 마스터의 수제자가 되는 것이다.

2. 비난이나 칭찬에 의연하다. 비난받는다고 의기소침하지도 않으며 칭찬받는다고 흥분하지도 않는다. 비난과 칭찬은 한순간에 뒤바뀐다는 것을 잘 알기 때문이다.

3. 열심히 일하기보다는 영리하게 일한다. 열심히 하는 사람은 일을 좋아하는 사람을 따라오지 못하며, 일을 좋아하는 사람은 일을 즐기는 사람을 이길 수 없다. 그러나 즐기는 사람조차 영리하게 일하는 사람을 이길 방법은 없다.

4. 작은 일에는 세심하나 큰 사고에는 무심하다. 이는 뿌리가 흔들리면, 줄기와 가지는 기절한다는 것을 본능적으로 알

고 있기 때문이다. 그러므로 큰 사고에는 무심한 듯 냉정을 유지함으로써 사고를 해결하고, 작은 일은 그 작은 일이 큰 사고로 이어질 수 있기에 세세히 관심을 기울인다.

5. 모르는 것을 아는 척하지 않는다. 장사와 사업에는 차이가 있다. 장사는 사장이 업무를 가장 잘 알고, 이를 직원에게 가르쳐준다. 그러나 직원들이 사장보다 각각의 업무를 더 잘 할 때가 되면 진짜 사업이 시작된다.

6. 휴식을 제대로 즐긴다. 밤낮으로 회사에 몰두하는 업무로는 작은 일에 성공할 수는 있어도 큰 사업을 만들 수 없다. 인생은 미래에 큰 보상을 바라고 사는 것이 아니라 현재도 내 인생이라는 것을 알기에 휴식을 제대로 즐기고 쉴 줄 안다.

물론 이 공통점이 완벽히 일치하지는 않는다. 그러나 경영자로 사는 삶을 살아가는 사람들은 자신이 완벽하지 않다는 것을 잘 알고, 모든 것을 혼자 하려 하지 않는다. 가장 강한 사람은 높은 자리에 있거나 재산이 많은 사람이 아니다. 곁에 도와주려는 사람이 많은 사람, 쓰러지기를 바라지 않는 사람이 많은 사람이다. 그들이 저 위치에 있는 것이 행운만이 아니라는 점은 확실하다.

돌파 경영의
핵심이 되어준
16가지 방법

메모의 기적	작은 회사의 경영 노하우
신문 4종 읽기	경영 승계
단순함	가족 경영
정신력	인재 경영
건강관리 방법	월급 올려주고 싶은 직원
약속과 신뢰	게으름은 부지런함의 목적
독서와 글쓰기	OKR 경영
소통	재무 회계

방법 1
소망을 이루어주는
메모의 기적

 어려서부터 그림을 그리고, 글을 끄적대기 좋아했던 나는 지금도 변함없이 낙서를 즐긴다. 닉시와 메모의 힘을 깨닫는 일이 있었다. 카네기 리더십 스쿨에서 자신의 꿈을 선포할 때였다. 20년 후 나의 꿈을 구체적으로 종이에 적고 청중들 앞에서 40초간 큰 소리로 발표하는 시간이었다.

 "20년 후 나는 50억 원의 자산가가 될 것이다. 강남 코엑스 컨퍼런스룸에서 100여 명의 관계자들을 모아놓고 혁신적인 사업 발표를 할 것이다." 그때의 나에겐 비현실적이었던 꿈이었지만, 이렇게 적고 외쳤다. 20년 후인 지금, 그 메모가 살아서 실현되었다. 설마 하는 마음으로 적고 외친 소원이 시간과 숫자까지 똑 떨어질 만큼 정확하게 이루어져서 무섭도록 놀랍다.

성공한 사람들은 모두 메모광이다. 스노우폭스 김승호 회장은 "성공한 사람은 기억에 의존하지만, 크게 성공한 사람은 기록을 믿는다."라고 했다. 마음속 소망을 적는 순간 메모는 생물이 돼서 자라나기 시작한다.

목적문장은 잘 적어서 필요한 장소에 전략적으로 붙여두자. 휴대전화나 화장실 거울에 붙여도 좋다. 메모는 자기와의 대화다. 자기 대화가 성과를 끌어올린다는 증거는 차고도 넘친다. 자기 대화는 동기와 의지를 강화한다. 자기 대화는 짧고 구체적일수록, 그리고 무엇보다 지속적으로 반복해서 볼수록 효과가 좋다.

여러 연구에 따르면 생각을 직접 쓰면 성과만 좋아지는 것이 아니라 건강도 좋아진다고 한다. '표현적 글쓰기'는 사람의 면역체계 안에 있는 세포들을 강화한다. 우울과 불안을 줄이고, 혈압을 낮추며 긍정적인 태도와 사회적 유대감을 키운다고 한다.

많은 사람이 생각과 감정을 억눌러 내 안에 가두어 놓는다.

감정은 표현하지 않으면 높은 긴장을 유발한다. 그래서 나에게 가장 중요한 가치와 감정을 반영한 말을 종이에 적으면, 긴장이 해소되며 건강이 좋아진다. 표현적 글쓰기의 선구자인 텍사스 대학의 제임스 페니메이커 교수는 이렇게 말한다. "가끔 한 발짝 떨어져서 내가 지금 삶의 어디쯤 있는지를 가늠해보는 것은 정말 중요하다." 표현적 글쓰기는 목적이 이끄는 삶으로 인도해 준다.

목적문장을 메모하고 선포하라. 그 메모를 몸에 지니고 다니며 틈나는 대로 반복해서 읽어보자. 꿈은 이루어진다. 메모 위에서는 얼마든지 더 용감해도 좋다. 원한다면 얼마든지 더 크게 꿈꾸고 적어라. 나는 메모의 힘을 과소평가했다. 이럴 줄 일있다면 50억 원 자산가가 아니라 5조 원 사산가라고 석을 걸 그랬다.

방법 2
신문 4종 읽기

　신문은 항상 지적인 자극을 주고 열심히 살아가야 할 이유를 제시해주는 소중한 도구다. 매일 집 앞 구립도서관에서 신문 4종을 읽는다. 인터넷에 모든 뉴스가 있는데, 웬 종이 신문이냐고?

　인터넷 뉴스로 볼 때는 중간중간 팝업 광고로 옆길로 새는데, 종이 신문은 집중해서 읽을 수 있다. 인터넷 뉴스는 알고리즘으로 큐레이션 되어 있어 사람들이 가장 많이 읽은 뉴스가 언제나 가장 잘 보이는 곳에 뜬다. 상단에 노출된 기사들도 인터넷 포털이 큐레이션 한 뉴스다. 다른 신문에 들어가봐도 같은 뉴스로 도배되어 있다. 모든 사람이 똑같은 뉴스를 보니 정보와 시선이 닮아간다. 나의 관심과 상관없는 자극적인 제목과 키워드에 끌려다니다 보면 엉뚱한 곳에서 시간을 낭비한다.

그래서 나는 종이신문을 보기 시작했다. 비치된 모든 신문을 다 볼 시간은 없다. 20여 종의 신문 중 진보와 보수로 성향이 완전히 다른 신문 2종과 경제신문 2종을 3~40분 동안 쭉 읽는다. 세상은 넓고, 내가 생각하지 못하는 일이 수없이 일어난다. 나만의 관점에 갇히면 어느새 편협해진다. 글은 누군가의 생각을 담은 문자로, 글에는 의도가 들어있다. 그 숨은 의미를 찾기 위해서는 다양한 신문을 읽고 다른 각도로 보는 눈이 필요하다. 예전 같으면 별다른 의심이나 생각 없이 넘어갔을 뉴스도 4종의 신문을 통해 각기 다른 관점으로 보다 보니 다르게 생각하는 힘이 생긴다.

신문을 펼치면 1면이 아니라 사설, 칼럼 부분을 먼저 본다. 똑같은 세상의 뉴스를 오피니언 리더들이 어떻게 해석하는지 궁금하기 때문이다. 나와 다른 시선으로 세상을 읽고 해석하는 것 자체가 내게는 신선한 자극과 영감을 준다.

나는 정보의 소비자가 아닌 생산자가 되고 싶다. 내가 주체가 되어 나만의 언어로 내 생각을 표현하는 글을 쓰기 위해서는 잘 쓴 글을 읽고 영감을 받아야 한다. 신문의 모든 기사가 글감으로 치환된다.

신문에 실린 정보는 그 자체, 즉 사실만으로도 의미가 있지만 공간적으로 어떻게 배치되어있는가도 중요하다. 특히 두뇌가 정보를 인식하는 방식은 '사실'보다 '공간'이다. 신문을 읽으며 메모하는 습관은 정보를 두뇌 속에 각인하는 활동이다. 거창하게 작성하기보다는 키워드 중심으로 부담 없이 낙서하듯이 짧게 써본다.

신문 여기저기에 흩어져있는 단서들을 엮어 하나의 이야기로 만들어본다. 기사 이면의 내용을 머릿속으로 상상하고 추리해보는 것이다. 이런 습관을 오랫동안 지속하다 보면 현상 뒤에 숨은 생각을 알아채는 통찰력이 생긴다. 꾸준히 읽다 보면 나에게 필요한 중요한 정보를 잡아내는 능력이 생긴다. 세상에 대한 호기심과 연결하려는 욕구가 없으면 아무리 신문을 보아도 보이지 않기 마련이다. 매일 3종 이상 신문을 읽는다면, 생존에 필요한 통찰력을 갖게 될 것이다.

방법 3

단순함

저커버그는 옷을 고르지 않는다

어떤 옷을 입을까, 무엇을 먹을까 따위의 사소한 의사결정 행위만으로도 뇌는 에너지를 소비한다. 스티브 잡스. 마크 저커버그, 버락 오바마 전 대통령은 이와 같은 비생산적인 에너지 낭비를 막기 위해 같은 스타일, 같은 색의 옷을 수십 벌 준비해 갈아입었다고 한다.

나도 따라 해봤다. 생활의 군더더기를 없애고 싶어서다. 짜장면을 먹을지, 짬뽕을 먹을지를 고르는 단순한 일조차 성과에 영향을 미친다. 마음의 에너지는 한정돼 있어서 사용한 만큼 줄어든다.

사전적 의미로 '맥시멀리스트'란 하고 싶은 것, 갖고 싶은 것을 위해 시간과 돈을 아낌없이 투자하는 사람이고, '미니멀리스트'란 꼭 필요한 물품만 구매해 단순하게 사는 사람이다. 성과를 잘 내는 사람들은 하루를 전략적으로 설계해 맥시멀리스트가 되기 위해 미니멀리스트가 되며, 크로노타입에 따라 일하고, 자신을 지지해주고 마음이 맞는 사람들과 함께 일한다. 그러나 완벽한 하루를 설계한다고 해도 실행하지 않으면 무용지물이다. 성과의 최강자는 꾸준히 잘하는 사람이 아니라, 꾸준히 하는 것을 잘하는 사람이다.

인정받는 작가 무라카미 하루키는 하루를 꼼꼼히 설계하고 엄격한 루틴대로 생활하기로 유명하다. 하루키는 실행이 쉽지 않다는 것을 누구보다 잘 아는 사람이다.

소설 쓰는 모드일 때는 새벽 4시에 일어나서 5시간 일을 한다. 오후에는 4km를 달리거나 1,500m 수영한다. 그런 다음 잠깐 글을 읽고, 음악을 듣는다. 밤 9시면 잠을 잔다. 하루도 빠짐없이 이 루틴을 따른다. 중요한 것은 반복이다. 반복은 최면같은 것이다. 이 루틴을 1년 이상 반복하려면 상당한 정신력과 체력이 필요하다. 그래서 소설을 쓰는 것은 생존훈련과 같다고 할 수 있다. 예술적인 민감성만큼 중요한 것은 체력이다.

많은 일에 NO라고 말해야 YES라고 말할 때 에너지를 쏟아부을 수 있다

작은 회사가 생존모드에 진입하면 빠지게 되는 함정이 있다. 한정된 자원으로 이 일, 저 일 많은 일을 쳐내는 멀티태스킹의 방식으로 전환한다. 이때 멀티태스킹으로 인한 분주함이 성과를 방해하고 있는 것은 아닌지 들여다봐야 한다.

뇌는 한 번에 하나의 일에만 집중한다. 실험 결과, 음악을 들으며 보고서를 쓰고 메신저에 답하고 있다면, 뇌는 음악과 보고서와 메신저를 오가는 과정을 빠르게 반복하는 것으로 밝혀졌다. 동시에 하는 것이 아니라 이 일에서 저 일로 계속 주의를 전환(Switch-tasking)한다. 이 과정에서 뇌는 엄청난 에너지를 소모하고, 스트레스 호르몬인 코르티솔을 분비한다. 그래서 전문가들은 효율성과 효과성을 위해 한 번에 하나의 일에만 집중하는 싱글태스킹(Single tasking)을 권한다.

　단순한 생활 습관은 불필요한 것을 줄여주고, 집중할 수 있도록 도와준다. 복잡하고 혼란스러운 요인을 없애면 내가 진정으로 원하는 것, 반드시 해야 할 것들이 보이기 시작한다. 분주함, 복잡함의 중독에서 벗어나 나에게 가장 소중한 one thing을 찾아내자. 진정으로 삶을 변화시키는 힘은 요란한 계획과 준비가 아니라 단순한 실행에서 나온다.

방법 4
정신력

유리 멘탈의 소유자

나는 외부의 자극에 민감하다. 작은 소리에 잠을 깨고 내기 골프 중 '구찌 한 방'에 와르르 무너진다. 선생 같은 작은 회사 경영에서 이 약한 정신력은 치명적인 약점이다. 누가 뭐라고 해도 주눅 들지 않고 웬만한 일에 상처 입지 않고 휘둘리지 않는 사람을 보면 마냥 부럽다. 강한 정신력은 엄청난 무기다.

흔히 외향적이고 실행적인 사람을 사업가 스타일, 내성적이고 섬세한 사람을 예술가 또는 공무원 스타일이라고 부른다. 나는 후자일 듯하다. 하지만 성공한 경영자가 모두 외향적이지는 않다. 내향적이고 섬세한 사람이 성공하는 경우가 의외로 많다. 그들의 공통점은 신중하고 자제력이 강하다는 것이다.

외향적인 성격이 주목받기 시작한 지는 얼마 되지 않는다. 산업혁명 이후 도시화와 대규모 이민으로 낯선 곳에 잘 적응하고 새로운 사람들과 쉽게 어울리는 사람이 대접받는 시대가 되었다. 협상에서 즉각적인 효과를 얻어내고 처음 만난 사람에게 물건을 팔아오는 능력이 주목받기 시작한 것이다. 외향적인 사람은 상대방의 입장보다는 자기 뜻을 어필하고, 외부 환경에 민감하지 않은 경향이 있다. 연구에 의하면 외부 환경에 예민한 사람이 집중력이 뛰어나다고 한다. 실리콘 밸리 CEO 중에는 조용하고 말수 적고 자기과시를 하지 않는 사람이 압도적으로 많다.

외향, 내향과 정신력은 다르다. 정신력이 강한 경영자는 혹독한 경영환경을 견딜 수 있기 때문이다. 동시다발적으로 문제를 해결하면서도 돌다리를 두드리고 건너기보다는 장화 신고 개울에 뛰어들어 건너야 하는 작은 회사 경영자에게 정신력 관리는 중요하다.

정신력은 해내는 힘

　NBA의 전설 마이클 조던은 내성적인 사람이라고 한다. 그의 정신력은 유명하다. 몇 초 안 남은 승부처에서 마지막 슛을 성공시켜 승부를 뒤집은 경기가 한둘이 아니다. 다른 선수들이 웬만해서는 피하고 싶은 부담을 그는 즐겼고 성공시켰다. 조던의 전담 멘탈 코치 팀 글로버는 위닝 멘탈리티(Winning Memtality)에 대해 말한다. 실력이나 기량보다 더 중요한 요소는 재능을 뛰어넘는 '악착같은 힘'이다. 여기서 말하는 '악착'이란 근거 없는 자신감이나 무모함이 아니라 어려움 속에서도 긍정을 잃지 않는 마음가짐, 마지막 순간까지 내려놓지 않는 열정, 포기하지 않는 근성이다. 이것이 바로 이기는 멘탈리티, 위닝 멘탈리티가 된다고 한다. 조던처럼 강한 멘탈을 타고난 사람도 전담 코치가 필요하다.

정신력 강화 훈련법 5가지

　그렇다면 정신력을 강화할 방법은 없을까? 내가 활용하는 정신력 강화 훈련법 몇 가지를 소개한다.

첫째, 자신과의 약속을 지킨다. 정신력 강화 훈련은 나와의 약속을 지키는 것에서부터 시작된다. 약속을 지키는 것은 나와의 경쟁에서 이기는 것이다.

둘째, 딱 하나만 더 하라. '이 정도면 됐잖아' 싶을 때, 딱 한 개만 더 해보자. 최적의 과제는 현재의 능력치를 살짝 넘어서는 수준의 일이다. 어제 팔굽혀펴기를 30개 했다면 오늘은 31개, 내일은 딱 한 개만 더해서 32개를 해보자. 매일 딱 하나만 넘어서는 불편함에 몸을 던져라. 그 딱 하나를 넘지 못한다면 하기 싫은 일이 2배, 10배로 늘어나는 게 인생이다. 정신력은 갑자기 좋아지는 게 아니라 하나하나씩 쌓아가는 것이다.

셋째, 압박 장치를 배치하라. 몰입 상태가 되기 위해서 자발적인 압박 장치가 도움이 된다. 웨이트 트레이닝을 하고 있다면 3개월 후의 보디 프로필 촬영 일정을 잡아라. 그날을 목표로 악착같이 몸을 만들라. 책을 쓰고 있다면 책 출간일을 주변에 선포한다. 자발적으로 세팅한 선포와 마감의 압박은 당신의 정신력을 한 단계 높은 수준으로 끌어올려 줄 것이다.

넷째, 할 수 있는 것에만 집중한다. 할 수 있는 것, 할 수 없는 것을 구분하라. 통제할 수 없는 것, 할 수 없는 것에는 아예 신경을 꺼버려라. 거기에 당신의 에너지를 소모하지 말라. 아예 안 된다고 생각하라. 당신에게는 선택권이 있다. 당신이 통제할 수 있고, 결정할 수 있고, 책임질 수 있는 것에만 집중하고 최선을 다해도 될까, 말까다.

결국, 해내는 힘은 정신력에서 나온다. 무언가 이루려고 할 때 가장 방해하는 건 다름 아닌 자신이다. 그러니 주변을 의식하지 말라. 옆 사람들은 자기가 다 알아서 잘한다. 당신에게 몰입하라. 남 의식하고 비교하느라 당신의 힘을 낭비하지 말라. 이 귀한 악착같은 힘을 왜 남에게 쓰는가? 어떻게 만난 악착인데.

궁극의 멘탈 자기결정권

지금의 나는 내가 그동안 내린 수많은 결정의 산물이다. 행복은 스스로 결정할 수 있는 선택지가 얼마나 많은지에 따라 결정된다. 내가 사업하고 돈을 버는 이유도 자기결정권의 확보를 위해서다. 쉬고 싶을 때 쉬고, 하고 싶을 때 하고, 하기 싫은 것을 거부할 수 있는 권리의 상당 부분은 돈과 연결되어 있다. 경제적 자유가 사람의 삶을 얼마나 지배하고 있는지를 생각해 보면 틀린 말이 아니다. 하지만 많은 돈을 가지고 있는 사람 중에 자기결정권을 제대로 사용하지 못하는 예도 있다. 그 이유는 돈을 수단으로 생각하는 것이 아니라 목표로 생각하기 때문이다. 결국 자기결정권은 재산의 크기가 아니라 생각의 자유로움에서 나온다. 생각이 자유로운 사람들이 돈을 가지면 완벽한 자기결정권을 가진다.

방법 5
건강관리 방법

　매일 아침에 하는 축구는 나의 활력소다. 헬스클럽의 지루한 러닝머신과 비교하면 축구는 굉장한 몰입도를 자랑한다. 아내가 다니는 교회의 운동회에서부터 시작해 십수 년째 매주 2회 이상 2시간 풀타임을 뛰었다. 별다른 취미도 없고, 사업한답시고 사람들을 만나 술독에 빠져 살 뻔한 나에게 축구는 내일을 살아갈 힘을 주었다. 축구는 내 삶의 원동력이다.

　등산·골프·테니스는 생활 운동이라고 하기에는 비용이 너무 많이 든다. 준비하는 시간, 이동하는 시간이 길다. 그리고 돈이 많이 든다. 축구는 준비할 게 별로 없다. 딸랑 축구화 한 켤레면 모든 준비가 끝난다. 축구장에는 기울어진 운동장도,

계급장도 없다. 자전거로 10분만 가면 녹색의 천국이 펼쳐지는 축구는 내 삶의 오아시스다.

 사람의 몸은 그 사람의 생활 패턴을 그대로 반영한 결과물이다. 평소에 쌓은 생활 습관의 결과가 결국 나 자신이다. 운동하려면 평생 지속 가능한 습관과 범위를 고려해야 한다. 만일 평생 지속할 자신이 없다면 종목과 습관을 바꿔야 한다. 다이어트와 운동의 최종목표는 건강한 몸이다. 몸이 바뀌면 마음이 바뀐다.

경영상 최고의 지혜는 항상 건강함과 쾌활함을 유지하는 것이다. 쾌활함은 가볍게 보이라는 말이 아니다. 긍정적이고 건설적인 태도와 분위기를 선택하라는 의미다. 자기의 행동이 어떤 영향을 미치는지를 알고, 사람들이 어떻게 느끼고 있는지를 민감하게 받아들여라. 피곤한 표정으로 '할 테면 하고, 말테면 말아라.'라고 해서는 안 된다. 항상 밝고, 적어도 밝은 척이라도 해야 한다. 좋은 사람들과 함께하기 위해서는 사람들이 함께하고 싶어 하는 사람이 되어야 한다. 무기력하고 시무룩하면, 그들은 당신을 떠난다. 나에게 맞는 운동 습관으로 최적의 몸 상태와 쾌활함을 유지하라.

방법 6

약속과 신뢰

약속 시간 변경은 늦는 것과 다름 없다

아버지는 늘 강조하셨다. "약속 시간 늦는 사람과는 사업을 하지 마라.", "약속 시각의 지각은 기다리는 시간이 아니라 견뎌야 하는 시간이다." 약속 시간에 번번이 늦는 동업자들에게 몇 번 실망하고 나서야 인정한 아버지의 가르침이다.

내 사업 파트너와 직원, 친구들에 대한 평가 기준은 지금도 여전히 유용하고 가치 있다. 별 이유도 없이 소소하게 늦는 사람에게는 더 이상 기대하지 않는다. 반면 정확한 시간에 항상 나타나는 사람에게는 여전히 후한 평가를 내리며 그 또한 기대를 저버리지 않는다. 당신이 사업에 성공하고 싶다면 거듭 강조한다. '약속 시간에 늦지 마라', '약속을 변경하지 마라', 특히 '당일에는 절대 변경하지 마라' 이 태도를 평생 유지하라. 시간 약속에 충실한 사람이야말로 모든 성공의 지름길로 가는 것이다.

은행보다 거래처 대금 결제가 우선

회사의 자금 사정이 안 좋으면 부득이하게 어딘가에는 지출을 줄여야 한다. 이때 우선순위를 고려해야 한다. 가능한 매입처에 먼저 지급한다. 매입처에서 원자재가 들어오지 않으면 사업이든, 장사든 할 수 없기때문이다. 한편 은행은 회사가 도산하기를 원치 않는다. 실적이 회복할 전망이 보이면 기다려 줄 수도 있다. 힘이 센 은행에 밉보이지 않기 위해서 약한 처지인 매입처를 울리는 결정은 잘못된 결정이다. 거래처는 회사가 사업을 할 때 가장 중요한 파트너다. 지속가능한 경영을 하고자 한다면 파트너부터 소중히 여겨야 한다. 먼저 은행에 찾아가서 융자 상담을 받자. 힘들어도 매입처에 줄 대금은 주면서 정당하게 요구하라. 이것이야말로 장기적으로 실속을 얻는 방법이다.

방법 7

독서와 글쓰기

나는 책 안 읽는 요즘 세상이 고맙다. 덕분에 책 읽고 글 쓰는 '나 혼자만 레벨 업'을 할 수 있다. 나를 슬럼프에서 구원해준 습관이 독서와 글쓰기다. 독서와 글쓰기는 문학적, 추상적인 행위가 아니라 지극히 현실적이고 생산적인 행위이다. 작가가 된다는 것은 돈을 더 벌 기회가 생긴다는 의미다.

책 쓰기에 도전하기

세상이 내 생각에 공감하면 기회와 성공, 돈이 따라온다. 읽기와 글쓰기를 하면 표현력이 좋아진다. 성공적인 사람들은 뛰어난 스토리텔러다. 예수님 말씀은 성경으로 쓰였기에 힘이 있다. 글로 쓰지 못하는 말은 영향력이 없다.

독서와 글쓰기는 정신을 건강하게 한다. 과거의 후회와 미래에 대한 걱정을 떠나 온전히 현재에 머물게 한다. 마음을 돌보는 명상이 중요하게 주목받는 요즘, 내 마음을 글쓰기로 풀어내는 일은 내 영혼과의 교감이다. 흩어져있던 생각과 감정이 구체적인 언어로 하나하나 이어져 재구성되는 순간 영혼은 단단해지고 치유된다.

글쓰기와 책 쓰기는 다르다. 우선 무엇보다, '내가 쓴 책이 세상에 왜 나와야 하지?', '사람들이 왜 내 책을 돈 주고 사야 하지?'라는 자신의 질문에 답변할 수 있어야 한다. 일기, 블로그는 수신자가 불분명하지만, 책은 독자라는 분명한 수신자가 있기 때문이다. 게다가 책은 값이 '매겨진' 상품이다. 그렇기에 부담스럽다.

하지만 글솜씨가 없다고 겁먹지는 않아도 된다. 독자는 정보와 교훈만 사는 게 아니다. 작가의 경험과 시선을 사는 것이다. 교훈은 이미 세상에 널려있다. 작가가 인생의 주인으로서 고민하고 경험한 것이 있다면 주저하지 말고 진솔하게 책에 기록하라. 선택은 독자의 몫이다.

책 쓰기를 할 때 지켜야 할 두 가지와
잘 쓰기 위한 세 가지 방법

책을 쓰기로 마음먹었다면 지켜야 할 두 가지가 있다. 첫째, 일단 쓴다. 둘째, 그리고 끝낸다. 시작은 어렵고 마무리는 더 어렵다. 글을 잘 쓰는 재능, 전문 지식 따위는 필요 없다. 근면하다면 책은 누구나 쓸 수 있다.

책 쓰기를 잘하려면 세 가지가 중요하다. 첫째, 책을 읽어라. 어휘력을 키우려면 책을 많이 읽어야 한다. 특히 책을 천천히 음미하며 씹듯이 읽어야 한다. 눈에 꾹꾹 눌러 담듯이 읽어야 한다. 글쓰기의 어휘력 변화는 처음엔 아주 천천히 점진적으로 일어나다 어느 순간 퀀텀 점프를 하듯이 폭발적으로 성장한다.

둘째, 지속해라. 책 쓰기는 마라톤이다. 매일매일 제자리걸음을 하는 것 같지만, 조금씩 앞으로 나간다. 책 쓰기의 자질은 이 느려터진 속도를 견딜 수 있는 능력이다. 지속력은 루틴에서 나온다. 루틴을 유지하기 위해서는 글쓰기 스위치가 켜지는 환경을 만들어라. 집 안의 책상도 좋고, 집 앞 도서관도 좋고, 편안한 카페도 좋다. 매일 가고 싶고 긍정적 기운이 생기는 편안한 장소가 중요하다. 완벽함에 대한 강박으로 속도를 줄이지 말라. 문장과 단어를 마구 쏟아내기를 지속해라. 언젠가 끝난다.

 셋째, 신체력을 유지하라. 육체가 약하면 절대 글을 오래 쓸 수 없다. 선인세를 30억 원 받는 세계적인 작가 무라카미 하루키는 일흔이 넘은 나이에도 꾸준히 베스트셀러를 내고 있다. 그 비결은 규칙적인 생활과 운동 습관이다. 5시 기상, 4시간 집필, 4시간 수영과 승마를 반복한다. 영감이 떠오를 때마다, 마음 내킬 때마다 집필했다면 지금처럼 오래 활동하는 작가가 되지 못했을 것이다.

 가장 어리석은 사람은 쓰지 않는 사람이다. 생각만 하고 쓰지 않으니 열매가 없다. 인생은 말이 아니라 글로 평가받는다. 세상은 인기 작가의 시대에서 일반 작가의 시대로 변해가고 있다. 책의 소비자로 머물던 독자가 이제는 자신의 책을 만들어내는 생산자가 되고 있다. 중요한 건 출간이다. 글쓰기가 출간이란 결과물로 나와야만 진정으로 내가 원하는 목표를 이룰 수 있다.

방법 8
소통

개떡같이 말해도 찰떡같이 알아들어야

 '개떡같이 말해도 찰떡같이 알아듣는다.'리는 의미는 영어로 'Read between the line', 즉 '행간을 이해한다'라는 뜻이다. 한국, 일본 등 아시아의 고맥락 언어 습관은 말속에 숨은 뜻을 살피느라 비용이 발생한다.
 "임자 하고 싶은 대로 해. 임자 옆엔 내가 있잖아." 영화 <남산의 부장들> 속 박정희 대통령은 부하들에게 이런 방식으로 지시한다. 부하에게 재량권을 주는 것 같지만, 사실은 일이 잘못됐을 때 그 책임에서 벗어나려는 고도의 정치 화법이다. 권력자의 속뜻을 자기 방식으로 이해하고 행동하는 충복들의 모습이 영화에서 잘 표현됐다.

미국에서 경험한 일본 친구의 소통방식은 더 이해하기 어려웠다. 일본 문화에 혼내(本音)와 다타마에(建前), 즉 속마음과 겉마음이 있다는 것은 알고 있었지만. 말과 행동이 너무나 달라 당황스러웠다. "할인 표가 생겼는데 주말에 영화 보러 갈래?" 하면 일본 친구는 미소를 지으며 "제안해줘서 고맙다."라고 한다. 수락한 것으로 알고 다시 연락하면 "미안하지만, 조금 더 생각할 시간을 주겠니?"라고 한다. 도무지 어떤 뜻인지 헷갈리고 속 터진다. 결국, 그의 속뜻은 'No. thank you'다. 'NO'라고 말하기 미안해서라지만 나는 일본 친구들과 지내는 내내 그들의 표현방식을 이해하기 어려웠다.

미국의 자유분방함에 놀라고, 두괄식 화법에 더 놀라고

영화로만 보던 모습을 뉴욕에서 실제로 접하니 충격적이었다. 두 다리를 책상 위에 떡하니 올리고 교수와 대화하는 학생을 보며 자유분방함을 넘어 참 싹수없는 미국 젊은이라는 생각이 들었다. 하지만 그들은 참 실용적이다. 특히 정확한 Yes, No 의사 표현과 두괄식 화법이 인상적이었다. 상대방의 감정을 고려해 결론을 뒤로 빼는 화법에 익숙했던 나에게는 고치기 어려운 언어 습관이었다. 영어는 Yes면 끝까지 Yes, No면 끝까지 No다.

  말하는 사람도, 듣는 사람도 명쾌하다. 애매모호함이 없으니 오해가 없다. 말뜻을 살피느라 에너지를 잡아먹는 일도 없다. 실용주의 나라 미국에서의 경험을 기업경영과 일상에 적용해보면 어떨까 하고 생각했다

기업경영에 활용히는 미국식 화법

  의사소통의 '신호등 원리'를 참고하자. 누구나 대화를 시작하면 처음 20초 동안은 호감을 느끼고 집중해서 듣는다. 녹색 신호등이다. 20초가 넘어가고 이야기가 길어지면 길어질수록 노란색, 빨간색으로 신호등이 바뀐다. 처음 20초 안에 핵심적인 내용을 전달하라는 뜻이다. 우리 회사는 무엇보다 의사소통의 역량을 중요시한다. 고객의 필요를 정확하게

파악하고 간결하게 문제를 해결해주는 의사소통의 힘이 가장 강한 무기다. 사람은 자신을 이해해주는 대상에게 기꺼이 마음과 지갑을 연다. 따라서 고객을 이해하고 의사 전달하는 것이야말로 비즈니스의 핵심이다.

디브리핑(debrifing)

"A라는 일의 중간보고를 하면 대표님은 갑자기 B를 이야기해요. 대표님 머릿속에 어떤 게 있는지 정확하게 피드백을 안 해주니 저희도 답답해요." 직원들의 불만이다. 대표는 직원보다 생각이 많다. 상황이 바뀌면 생각도 즉각적으로 바꾸는 리더를 구성원들은 유연성 높은 리더라고 생각하기보다 줏대가 없고, 기준이 없다고 생각한다. 리더와 구성원 간의 인식 차이와 소통의 문제를 해결하기 위해 우리가 합의한 방법은 '디브리핑(debrifing)', 즉, 서로 말을 되돌려주기다.

브리핑은 일방통행이다. 디브리핑은 쌍방통행이다. 일명 '복명복창'이라고 불리는 디브리핑은 주로 부하가 상사의 지시를 제대로 이해했는지에 관해 자신의 언어로 다시 한번 말하는 것을 의미한다. "김 대리, 창고에서 선풍기 가져와.", "네. 부장님. 창고에서 선풍기 꺼내오겠습니다."라고 말하는 것이다. 이렇게 함으로써 부하는 상사의 지시를 정확하게 이해했음을 알려주고, 자신이 상사가 원하는 것을 제대로 이해했다는 확신을 줄 수 있다. 한편 부하의 입장에서는 상사의 지시가 애매할 경우 그것을 다시 한번 확인해 공연한 헛수고를 하지 않을 수 있다. 열심히 해서 결과를 가져왔는데 '이것을 시킨 건 아닌데'라는 소리를 들으며 다리에 힘이 빠지는 경험을 최소화할 수 있다.

협상할 때도 마찬가지다. 비즈니스 협상에서 경청과 디브리핑의 원리가 동일하게 적용된다. 아무리 민감한 협상이라 하더라도 상대방의 말을 잘 듣고 "네. 그래서 이런 것이 중요하다는 말씀이시군요."라고 반응해 줄 때 상대는 적대적으로 나오지 않는다. 누구나 내 마음을 알아주는 사람을 만날 때 마음의 공명이 울린다. 상하관계, 갑을관계를 떠나 상대의 말에 디브리핑해 주는 것은 일종의 경청과 섬김의 행위이다. 심지어 사랑이라고 보아도 과언이 아니다. 디브리핑은 내가 당신의 말을 경청했고, 제대로 이해했음을 알려주어서 상대방이 존중받았다고 느끼게 하는 것이다.

직원 역량은 리더의 피드백에 따라 성장한다. 중소기업은 시스템보다는 개개인의 역량이 성과를 좌우하는 경우가 많다. 제대로 된 소통과 피드백은 업무 효율과 직원 성장에 중요하다. 의사소통의 오류를 해결할 뿐 아니라 상대에 대한 존중을 표현하는 디브리핑을 지금부터 실천해보는 것은 어떨까.

방법 9
작은 회사 경영 노하우

경영서대로 되지 않는 작은 회사의 경영

　우리 회사는 한때 직원 수가 100명에 달했다. 관광버스 3대로 야유회도 가고, 체육대회도 하고, 음식점을 통째로 빌려 회식하기도 했다. 지금은 임직원 20명 내외로 줄여 작지만 단단한 회사를 지향하며 운영하고 있다. 작은 회사의 경영은 경영서에 나오는 지식이 통하지 않을 때가 많다. 우리회사가 언더백(under100) 전문 '가인지컨설팅그룹'에 컨설팅받는 이유이기도 하다.

작은 회사의 경영 원칙

경영서에 나오는 이론과는 거꾸로 가는 작은 회사만의 경영 원칙이 있다. 첫째, 가능한 의사결정을 미루지 않는다. 오전에 결정할 내용을 오후로 넘기지 않고, 오늘의 결정을 내일로 미루지 않는다. 큰 회사는 각 분야의 리더가 권한과 책임을 가지고 있기 때문에 경영자는 큰 그림만 챙기면 되지만 작은 회사는 경영자의 경험과 직감으로 의사결정을 해야 하는 경우가 많다. 경영자의 의사결정 속도가 회사 전체의 속도와 직결된다.

둘째, 언행일치(言行一致)보다는 행언일치(行言一致). 언행일치는 작은 회사 경영자의 덕목이 아니다. 작은 회사는 늘 모순 속에 있다. 상황은 시시각각 변한다. 아침에 내린 지시를 저녁에 바꾸는 것이 작은 회사의 경영이다. 말과 행동은 별개의 영역이다. 자전거를 타는 방법을 말로 설명하는 것과 페달을 밟으며 자전거를 타는 것은 서로 다르다. 언행일치란 말에 기준을 둔다는 뜻이다. 말이 행동의 기준이 되기에는 작은 회사의 상황은 자주 변한다. 작은 회사의 경영은 행동이 먼저고, 그 행동을 기준으로 말을 해야 한다.

셋째, 경영자는 쇼맨이다. 그들은 당신을 살펴보고 있다. 당신이 어떻게 행동하느냐에 따라 조직의 분위기가 정해진다. 작은 회사의 경영자는 멋진 공연을 보여주어야 한다. 업무능력을 쌓는 것은 직원의 몫이지만, 회사의 이미지와 경영자의 이미지 관리는 경영자가 직접 신경 써서 관리해야 할 일이다. 우리는 무언가를 마음먹은 순간 그 모습이 몸에 그대로 표현된다. 내가 허리를 곧게 펴고, 어깨를 쫙 편 후에 천천히 행동하면 이 사람을 함부로 대하지 말고, 존중해야겠다고 느낀다. 결국 실제로도 대단한 사람이 된다. 태도는 행동을 바꾸고, 행동은 운명을 바꾸기 때문이다. 허리를 꼿꼿이 펴고, 어깨를 활짝 펴는 것만으로도 당신의 운명이 바뀐다는 것을 명심하라. 성공은 한 번에 이루어지는 것이 아니다. 작지만 좋은 습관이 모여 그 사람을 성공으로 인도해 나간다.

넷째, 경영자는 직원을 합리적으로 의심해야 한다. 직원을 못 믿어서가 아니다. 쉬운 길로 가고 싶고, 유혹에 흔들리는 것이 사람이기 때문이다. 중요한 것은 의심을 대하는 경영자의 태도이다. 의심은 속으로 품으면 품을수록 더욱 부풀려진다. 의심이 곪도록 내버려 두지 말고, 옳은 방법으로 해결하도록 하는 것이 좋다. 의심의 당사사와 직설적으로 소통해야 한다. 그럼에도 불구하고 의심이 폭이 좁혀지지 않는 직원은 빨리 독립시켜야 한다. 대신 상대방의 자존심은 지켜주면서 인색하게 보이지 않도록 송별회를 후하게 베풀어 떠나는 사람을 배려하라. 다른 분야는 전문가에게 맡겨도 되지만, 한 길 사람 속을 살피는 것은 누구에게도 맡길 수 없는 경영자의 몫이다.

다섯째, 수시로 위기의식을 조성하라. 잘될 것이라는 막연한 기대로 잘못된 흐름을 외면하지 말고 냉정하게 예상해 스스로 경고하여야 한다. 단, 건설적인 위기감과 소모적인 위기감을 구분하는 분별력이 중요하다. 그릇된 위기감은 오히려 조직에 패배감을 안겨주고 실패로 이끈다. 평상시에 혁신의 원동력이 되는 위기감에 관해 구성원들과 솔직히 이야기하고 상의하자. 변화를 좇아가기보다는 앞서가야 생존할 수 있다. 조직 스스로 위기감을 느끼는 것은 미래의 추락을 방지하는 사전예방책이다.

생산적인 위기의식
1. 회사의 뒤떨어진 부분을 외면하지 말고, 심각성과 단점

을 적나라하게 드러내라. 또한 임기응변이 아닌 근본적인 해결책을 함께 모색하라.

2. 회사에 맞지 않거나 사치라고 생각하는 사소한 것들부터 제거하라. 회사 형편에 맞지 않는 복지 비용이나 지출을 파악하여 중단하라.

3. 수입, 업무의 생산성, 해야 할 일의 완료 기간 등 목표치를 쉽게 도달할 수 없을 정도로 높게 정하라.

4. 업무 목표는 단편적이고 기능적인 관점이 아닌 본질적이고 미래적인 관점으로 공유하고 실행하라.

5. 경쟁사의 취약 부분을 수집하고 파악하여 그것에 대한 우위를 가지려고 노력하라.

6. 우리 회사의 문제를 나열하고. 정기적으로 개선 여부와 악화 정도를 스스로 따져보는 시간을 가져라.

7. 엉뚱한 방향으로 일이 흘러가거나 의도하지 않은 방향으로 흘러갈 때, 그냥 있지 말라. 스스로 개선할 수 없다면 믿을 수 있는 멘토와 상의해 다른 방법을 찾아라.

8. 문제점이 미래에 가져올 최악의 시나리오를 상정하고 줄이는 방법을 모색하라.

9. 우리에게 주어진 자원과 기회를 제대로 이용하고

있는지, 제대로 이용하지 못하는지를 확인하면서 자신의 무능력을 환기해라.

위기를 피하지 말고 오히려 즐겨라! 두려워하지 말고 점점 더 위기감을 고조시켜라. 일상화된 위기를 담대하게 마주하고, 위기의 뒤에 보너스로 따라오는 기회를 준비하자는 마음가짐을 수시로 강조하면 좋을 것이다.

방법 10
경영 승계

월급쟁이가 부럽다

　드라마 '재벌집 막내아들'이 인기리에 종영됐다. 재벌가의 경영 승계와 암투를 재미있게 다룬 시리즈다. 많은 기업의 가업 승계가 이루어졌고 진행 중이다. 조사에 의하면 한국의 재산 1조 원 이상 부자 중 상속 부자가 80%, 자수성가는 20%라고 한다. 미국의 비율은 정반대다. 「포브스」 자료에 의하면 미국 부자의 80%는 자수성가한 사람이다. 유난히 대한민국의 재벌2세, 3세의 논란이 많다. 개념 없는 2세. 3세 경영인이 영화와 드라마의 소재로 자주 쓰이는 이유다. 그만큼 그들은 부러움과 질투의 대상인 듯하다. 하지만 나를 포함한 내 주변의 중소기업 2세 경영인의 삶은 드라마에서 비치는 삶과는 거리가 멀다. 오히려 월급 받으며 안정적인 생활을 하는 일반 직장인을 부러워하는 2세 경영인이 많다. 통계에 따르면 가업 승계한 기업의 70%가 2대에서 사라진다. 3대로 넘어가면 생존율이 10%로 떨어진다. 그만큼 수성이 어렵다는 이야기다. 2세 경영인 모임에서는 '생존'이 화두다. 아버지의 시대는 성장의 시대였다. 비록 힘든 시대였지만 기회가 많았고 열심히 하면 이룰 수 있는 여지가 있는 시대였다. 그때에 비하면 지금은 풍요로운 시대이지만 기회와 틈새가 부족한 시대이기도 하다.

2세경영자가 모두 금수저는 아니다

2세끼리 모이면 '경영 승계는 아무나 하는 게 아니다', '아버지는 왜 이 어려운 것을 나에게 물려줘서 이 고생을 하게 만드냐'는 탄식도 나온다. 기존의 고객과 시장을 지키면서 새로운 고객과 시장을 만들어가야 하는 삶은 어쩌면 창업자보다 더 무겁게 느껴지기도 한다.

내가 마주친 첫 번째 어려움은 기존 직원들과의 갈등이었다. 대표가 되었는데도 나를 대표로 인정하지 않는다. 심지어는 나를 건너뛰고, 아버지에게 보고하는 일도 있다. 청춘을 바쳐 창업주와 함께 회사를 키운 창업 공신의 상황이 이해는 되지만, 솔직히 나를 인정하지 않는 모습에 화가 났었다. 2세 경영인은 기존 직원들과의 소통 문제가 생기기도 한다. 내가 2세 경영인의 삶을 살아오면서 느낀 경영 승계의 포인트를 정리한다.

중소기업 경영 승계 시, 명심해야 할 5가지

첫째, 현재 영위하고 있는 사업이 향후에도 지속될 수 있는 사업인지를 고려한다. 지금 당장 먹고살 만하다고 자식을 가업으로 데려오는 건 위험하다. 나중에 부모와 자식 간 원망하는 일이 생긴다. 사양산업이거나 회사의 미래를 담보할 수 없다면, 차라리 그 계통의 전문가인 직원에게 주거나 청산하는 쪽을 선택하라. 그리고 자식도 자신의 길을 자신의 힘으로 살게 하라.

둘째, 2세가 사장 자리의 무게감을 아는지, 무게를 감당할 수 있는지 확인하라. 즉, 자식이 사업을 이끌어갈 능력이 있는지 확인하라. 산전수전 겪은 창업주와 달리 2세는 대체로 창업자보다 더 좋은 환경에서 자라 유약하거나 경쟁력이 부족한 경우가 많다. 회사의 임직원들은 부의 대물림을 비아냥거린다. 따라서 자식의 역량이 안 된다면 가업 승계는 생각조차 안 하는 편이 낫다. 가업 승계는 부모가 자식에게 물려주는 편안한 자리가 아니다. 직원과 가족의 생계까지 책임져야 하는 무거운 자리다. 그 중요성과 무게감을 알게 하고, 객관적으로 자식의 능력과 마인드를 파악해야 한다.

셋째, 자식의 직급을 적절하게 포지셔닝하라. 자식을 경력에 걸맞지 않은 자리에 앉히면 승진의 기준이 무너질 뿐 아니라 공정성이 훼손된다. 마치 오너 패밀리는 괜찮다는 시그널을 줄 수도 있다. 중견기업이나 대기업은 시스템이 잘 갖추어져 있고 우수한 인재가 많기 때문에 부족한 자식을 낙하산으로 꽂아놔도 백업할 인적자원이 있을 확률이 높지만, 인적자원이 불충분한 작은 회사에서는 무능한 2세 경영인은 회사에 치명적인 위기를 불러올 수도 있다.

넷째, 자식에게 혹독하게 경영 수업을 시킬 수 있는가를 고려하라. 사람들은 2세 경영인의 능력에 색안경을 끼고 본다. 그래서 능력을 보여줄 필요가 있다. 정말 어렵고 힘든 업무를 맡겨 시련을 겪게 해야 한다. 처음에는 자신이 좋아하는 분야를 시키는 것이 좋다. 그 분야에서 능력을 발휘하면 직원들도 점차 인정하게 된다. 또한 젊었을 때 경험하는 지옥은 자신감을 선물한다. 맷집이 강해지고, 배짱과 박력도 생기게 만든다.

다섯째, 창업주가 간섭하지 않아야 한다. 승계 이후에도 불안해서 계속 보고받고 지시하려 하면, 기존의 임직원은 새 경영자보다 창업주를 의지한다. 직원 입장에서는 상왕을 한 명 더 모시는 것과 다름없다. 상황이 이러면 2세 경영인은 제대로 능력을 발휘하지 못할 가능성이 크다. 사장은 의사결정을 하고 그 책임을 져야 하는데, 이를 수행할 기회가 사라진다. 자식에게는 다른 사람보다 더 엄격한 기준을 적용해야 한다.

수십 년간 축적된 경영과 기술의 노하우를 살리기 위해서라도 경영 승계는 필요하다. 제대로 된 경영 승계가 필요한 이유가 여기에 있다.

방법 11

가족 경영
가화만사성
家和萬事成

　가화만사성, 진부한 이야기지만 불멸의 진리다. 평생 경험하는 스트레스의 상위에 가족 사망, 결혼, 이혼, 별거 등 가족 문제가 큰 부분을 차지한다. 가족 경영에서의 구성원 간 갈등은 업무의 효율을 떨어뜨릴 뿐 아니라 가족 관계에도 심각한 영향을 준다. 따라서 가족 경영은 적극적 관리와 전략이 필요하다. 가까운 가족이니 말하지 않아도 알 것이라고 생각하면 오산이다. 오히려 남보다 더 많은 관심으로 소통해야 하는 사람이 가족이다.

　우리 회사는 아버지와 아들의 부자 경영이 현재의 부부 경영으로 이어지고 있다. 아버지가 창업 후 초반에는 친척들만 20여 명에 달할 정도로 그야말로 패밀리 운영체였다. 아버지에게 일자리를 부탁하는 친지도 많았고, 그들을 품어줄 만큼 울타리도 컸던 시절이었다. 함께했던 많은 친척이 비즈니스 환경의 변화로 떠나가고 지금은 아내와 나만 남았다.

부자(父子) 경영의 실패

어느 날 차 안 라디오에서 흘러나온 싸이의 노래에 울컥했다. "아버지, 어찌 그렇게 사셨나요? 더 이상 쓸쓸해 하지 마요. 이제 나와 같이 가요." 은퇴해서 하루 종일 컴퓨터 바둑과 공원 산책으로 소일하시는 아버지가 생각이 났다.

오랜 공동 경영 과정에서 나와 아버지 사이에 많은 갈등이 생겼다. 말이 공동 경영이지 실은 '대리청정(代理聽政)'에 가까웠다. 대리청정이란 대(代, 대신하다), 리(理, 다스리다), 청(聽, 듣다) 정(政, 정치)로 구성된 말이다. 즉, 말 그대로 '대신 정치한다'라는 뜻이다. 사극에서 보면, 임금 대신 왕세자가 자리에 앉아 대신들의 보고를 받는 장면이 나오지 않는가.

내가 회사의 대표지만 아버지는 여전히 최종결정권자였다. 회사의 모든 일을 보고 받고 결제했다. "이럴 거면 아버지가 대표하세요."라면서 불만을 이야기하면 섭섭해하셨다. 나는 옛날 사고방식에 갇혀있는 아버지가 답답했고, 아버지는 이렇다 할 성과를 내지 못하는 나를 미덥지 않아 했다. 경영자 부자 간 대화가 없으니 의사결정이 늦어지고, 회사는 갈수록 어려워졌다.

크로노스 콤플렉스

팔순이 지난 아버지의 건강 문제가 불거지면서 아버지는 회사에 못 나오시게 되었다. 그동안의 나는 대표라기보다는 아버지의 비서실장에 가까웠다. 아내가 나와서 회사 살림을 챙겨주니 비로소 나는 대표로서 해야 할 역할을 조금씩 수행하기 시작했고, 오랫동안 멈춰 서 있던 회사가 조금씩 앞으로 나아가기 시작했다. 정신분석학적으로 아버지와 아들 사이에는 크로노스 콤플렉스가 존재한다고 한다. 가부장적인 관습이나 규율을 통해 아버지와 아들 사이에 상하관계가 생긴다. 아들은 아버지의 뜻을 추종하고 그 가치를 따라 살아가는 한편, 아버지는 본인의 권력을 빼앗길까 두려워 아들의 성장을 방해한다. 이 상황을 일컬을 때 '크로노스 콤플렉스'라고 이야기한다. 그리스신화의 제우스와 아버지 크로노스의 관계에서 나온 말이다. 그리스신화에 나오는 아버지와 아들의 관계가 우리 부자와 비슷하다고 생각했던 적도 있다. 평생 공들여 키운 터전 회사를 아들이 잘 이어가고, 키워가기를 바랐을 아버지의 그 마음을 이제는 알 것 같다. 나의 든든한 언덕이었던 아버지의 권위와 사랑이 회복되길 바란다.

부부 경영

아내와 함께 회사를 운영한다. 서로의 영역이 나누어져 있지만, 공동으로 의사 결정할 일이 많다. 부부 각자의 성향과 방식이 달라 가끔 충돌이 있지만, 조율하며 이제는 나름의 규칙이 생겼다.

아내는 유치원 교사였다. 유치원 선생님이었을 때는 천사표 이미지였지만, 지금은 천사라기보다 전사에 가깝다고 농담

하곤 한다. 도전적인 아내와 공동 경영한 최근 몇 년간 회사는 많은 발전과 변화를 겪었다. 아내의 적극적인 행동이 운을 만들었다. 행동력과 사람들에게 먼저 다가가는 용기는 배우고 싶은 아내의 장점이다. 아내와 나는 기질적으로 달라서 가끔 다투기도 하지만, 상호보완적인 우리 부부는 환상의 경영 파트너다.

부부 경영의 원칙

첫째, 각자의 역할을 명확하게 하라. R&R$^{Roll\&Resposibility}$ 즉, 역할과 책임을 정하라. 그리고 상대의 영역에 침범하지 말라. 한 가지 사안을 두 사람이 결정하지 말라. 이 분야의 책임자가 누구인지 직원들이 분명하게 알게 하라. 하나의 이슈에 두 사람의 대답이 달라 직원이 혼란스러워하는 일이 없어야 한다. 배의 방향이 양쪽으로 분산되면 앞으로 못 나가고 제자리에서 빙빙 돌다 결국 좌초한다. 설사 방향이 틀릴지라도 배는 한 방향으로 나가야 한다. 어차피 인생은 이정표가 정해진 고속도로가 아니다. 부부가 합의한 R&R과 조직도를 회사 내부에 있는 모두가 알 수 있도록 공유하라. 한번 R&R을 정했으면 바꾸지 말고 최소 1년은 끝까지 가라.

둘째, 부부의 성향이 다르면 더 좋다. 같은 성향끼리 모여서 일하는 조직의 생산성은 나쁘다. 성향이 비슷한 사람끼리 모여 일하면 안정감은 있을지 모르겠지만, 시너지가 없다. 그 나물에 그 밥이라면 혁신과 발전이 생기기 어렵다. 그런 면에서 성향이 정반대인 우리 부부 경영은 긍정적이다. 아내는 행동이 빠르고, 공격적이며 대면 영업에 강하다. 나는 느리고, 신중하며 재무에 강하다. 성향이 다른 우리 부부는 한 가지 사안을 서로 다른 각도에서 바라보기 때문에 다양한 의견을 통한 결과를 도출한다.

셋째, 일, 가정, 육아 세 마리 토끼를 모두 잡아라. 사업 파트너로 좋을지라도 부부 관계, 부모 관계에 실패한다면 사업의 성공은 의미가 없다. 일할 때는 치열하게, 부부로서는 섹시하게, 자녀와의 관계는 사랑스럽게 세 마리의 토끼를 모두 잡아야 성공적인 부부 경영이라고 할 수 있다. 세 가지 중 하나라도 잃는다면, 성공이 아니다.

넷째, 8시 이후에는 일 이야기를 금지하라. 우리 부부는 회사와 집에서 늘 함께하지만, 각자 다른 일을 해서 오히려 서로를 모르는 부분이 많다. 이 정도쯤은 말 안 해도 알아주겠거니 생각하다 나중에 섭섭해하는 일이 많다. 이 문제를 해결하기 위해 규칙을 만들었다. 아무리 바빠도 매일 최소 30분의 정규 미팅 시간을 마련해 대화하고 결정한다. 하지만 저녁 8시가 넘으면 정말 긴급한 일이 아닌 이상에는 다음 미팅 시간까지 참고 기다린다. 이 방식은 부부 경영의 갈등을 줄이는 핵심요소다.

함께 성장하는 부부

아내는 내가 절망하고 인생의 바닥에 있을 때 옆에서 지켜주고 응원해준 동반자이자 함께 성장하는 파트너이다. 아내는 가장 힘들 때 아무 조건 없이 내 편이 되어줬다. 세상을 살아가면서 내 편인지 아닌지 의심할 필요가 없는 사람은 부모님을 제외하고는 단 한 사람, 바로 아내다. 경영자는 외롭다. 믿고 기댈만한 사람, 신뢰할 만한 파트너가 부부 말고 또 있을까? 부부는 굳이 주인의식을 말하지 않아도 가족의 미래를 걸고 함께 회사를 운영하기 때문이다.

가족 경영은 가족 구성원들이 서로를 잘 알기 때문에 의사결정 프로세스가 빠르고 유연하다는 장점이 있다. 그래서 빠르게 변화하는 비즈니스 환경에서 대응하기 쉽다. 하지만 가족 구성원의 역할과 전문성이 비효율적일 경우, 비즈니스의 불이익뿐 아니라 가족 간의 갈등을 초래할 수 있는 단점도 존재한다. 이를 고려하여 적절한 비즈니스와 가족 간의 엄격한 경계를 유지하고, 전문적인 운영방식을 채택해야 한다.

방법 12
인재경영

　회사에 좋은 인재가 없다면 그것은 나의 책임이다. 나는 무엇보다 사람에게 공을 많이 들인다. 직원 한 사람 한 사람의 성향과 형편을 알려고 노력한다. 여건이 허락하는 한 임금을 맞춰주고, 더 좋은 복지를 제공하려고 한다. 내가 좋은 사람이기 때문이 아니라 작은 회사이기 때문이다. 큰 기업은 조건과 시스템이 좋아서 웬만해서는 인재가 떠나지 않는다. 인재는 미래의 성장 가능성과 본인의 가치가 올라갈 것이라는 확신이 없으면 주저 없이 다른 길을 모색한다. 그렇기에 우리같이 작은 회사는 이런 정성 없이는 인재의 마음을 붙잡기 쉽지 않다.

어느 면접자의 솔직한 답변

그동안 수많은 입사지원자를 만나고 인터뷰했다. 입사 지원하는 사람들은 각양각색이다. 마케팅 분야의 입사지원자와의 인터뷰가 특별히 기억이 남는다.

28세 면접자는 당당하고 거침이 없었다. 짧은 사회생활 동안 3번이나 이직한 이유를 물어봤다. 솔직한 답변이 돌아왔다. 첫 번째 회사는 열정페이를 강요해서, 두 번째 직장은 야근이 너무 많아서, 세 번째는 회사는 멀티플레이를 하다 보니 전문성을 쌓기가 어려웠다고 한다.

어떤 회사가 이상적이라고 생각하느냐고 물었다. 명확한 비전과 현실적인 목표를 가진 회사라고 말한다. 비현실적인 목표를 설정하고 드라이브를 거는 것은 희망 고문과 다름없다고 한다. 직원에게 주인의식을 바라는 것도 이해가 안 된다고 한다. 솔직함이 당당해 보여 좋았다.

왜 그렇게 삐딱하게 생각하는지, 회사의 입장을 조금만 이해해주면 안 되는지도 물었다. 이 질문에도 막힘없이 대답한다. 직원은 자신의 시간을 팔아 돈을 버는 사람으로 근무 시간 동안 최선을 다하고 성과를 내야 하는 것은 당연하지만,

그 이상을 직원에게 요구하는 건 공정하지 않다고 생각한단다. 경영자의 부족함을 직원 탓으로 돌리지 않았으면 좋겠다고 한다. 경영자가 직원보다 많은 월급을 받는 이유는 책임지고 방향을 정하는 어려운 자리이기 때문이다. 대신 성과를 냈을 때 경영자에게 큰 보상이 돌아가지 않냐고 이야기한다.

나는 그 거침없는 친구를 채용하지 않았다. 젊은이다운 패기와 재기발랄함이 돋보이는 그 친구는 아마도 처음부터 우리 회사에 입사할 마음이 없었나 보다. 그렇지 않고서야 그렇게까지 솔직하지는 않았으리라고 생각한다. 당당함과 불손함의 경계를 아슬아슬하게 넘나드는 것까지는 패기로 이해하겠지만, 무엇보다 나를 불편하게 한 것은 인사하는 자세였다. 들어올 때와 나갈 때의 인사 자세가 너무나 어정쩡했다.

인간에 대한 첫 번째 예의, 인사

첫눈에 톡톡 튀고, 재기발랄해 보여 호감을 느끼다가도, 어느 순간 예의가 없다는 것을 알게 되면 싫증이 나기 마련이다. 인사는 그냥 형식에 불과하지 않다. 한 존재에 대한 인정이자 존중의 표현이다. 비즈니스에 있어서 사람들과의 틈을 비집고 들어가는 방법을 꿰어야 하는데, 인사성이 밝은 사람은 이런 방법을 가장 자연스럽게 체화시켜 습관으로 만든 사람이다. 이들은 친절하고 사교적이고 표정이 밝은 것이 특징이다. 인사성이 갖는 위력은 대단하다.

  나도 X세대라고 불리던 젊은 시절이 있었다. 지랄 같은 꼰대 상사의 행태가 분해서 회식 자리에서 뛰쳐나가 주먹에 피가 나도록 벽을 치기도 했었다. 이렇게 세대별로 중요하게 생각하는 가치가 다르다. 그에 맞춰 회사의 인적 시스템을 만들고, 다양한 세대가 어우러지는 건강한 조직 문화를 만드는 것이 경영이고 인사관리다.

  나는 우리 회사에 입사하는 직원이 자신의 스펙을 키우는 동시에 회사의 발전을 함께 생각하는 균형 잡힌 사람이었으면 좋겠다. MZ세대가 지나치게 개인주의적이라고 느끼는 것은 어쩌면 나의 부족함에서 생긴 열등감일지도 모르겠다. 그들은 창의적이고 역동적이다. 오히려 그들에게서 배울 것이 더 많다는 겸손한 마음으로 그들에게 다가가야 할 것이다. 그러면 우리 세대도 그들의 진심 어린 존중을 받지 않을까?

내 딸도 오기 싫다는 우리 회사

나에겐 두 명의 대학생 딸이 있다. 밤이든, 새벽이든 입시학원에 실어 나르며 좋은 대학에 가길 바라지 않았다면 거짓말일 것이다. 입학의 기쁨이 채 가시기도 전에 취업을 준비해야 하는 딸을 보면 안타깝다. 딸에게 농담 반 진담 반으로 물었다. "혹시 아빠 회사에 취업할 생각은 없니?" 잠시의 고민도 없이 "NO."라는 대답이 돌아온다. "아빠 회사가 왜 오기 싫으니?" 다시 물었다. 아빠, 엄마가 회사 운영으로 힘들어하는 모습을 보니, 중소기업이 얼마나 힘들지 안 가봐도 알 것 같다고 한다. 대기업, 공기업에 취업하거나 전문직을 가지고 싶단다. 그 말을 들으니 섭섭하기도 했지만, 한편으로 딸의 현실 인식이 대견하기도 했다. 줄 세우고 비교하기 좋아하는 대한민국에서 중소기업을 바라보는 눈높이가 어떨지 짐작은 하고 있었지만, 막상 그 입사지원자와 딸의 이야기를 직접 들으니 서글픔과 오기가 함께 생겼다.

그 면접자와 딸이 오고 싶을 만큼 매력적인 회사로 만들어보자는 욕심이 생겼다. 똑똑하고 재능있는 젊은이들이 회사의 톱니바퀴 취급당하는 대기업보다는 회사의 엔진이 되어

본인의 능력을 마음껏 발휘하고 함께 성장하는 강소기업이 그려졌다.

하드스킬 회사가 맞닥뜨린 구직난

우리 회사는 전통적으로 하드스킬이 강한 회사였다. 근면한 회사지만 스스로 발전할 수 있는 환경이나 창의성의 동기부여가 마련되기는 어려운 환경이다. 지시받은 오더를 수행하는 수주업의 습성이 몸에 밴 전형적인 회사였다. 정해진 업무나 결과물은 틀림없이 나오지만, 혁신적이거나 새로운 시도는 거의 이루어지지 않는다. 이런 약점을 보완하고 체질을 변화하고자 콘텐츠 팀을 만들었다. 남자 오퍼레이터로 가득했던 회사에 MZ세대 여직원들을 수혈하며 조화와 시너지를 기대했다. 하지만 오랜 세월 몸에 밴 '마초 공돌이' 문화와 습성을 벗어버리기 어려웠다. 젊은 인재가 이런 문화에 적응하지 못하고 떠나버리는 일이 반복됐다. MZ세대는 농업적 근면성을 강조하고 직원을 획일적으로 통제하는 직장에 더 이상 매력을 느끼지 못한다.

어느 때부터인가 채용을 하려고 구인 공고를 올리고 기다리다 보면 요즘 취업난이 있나 라는 생각이 들 정도로 지원자가 없었다. 도대체 그 많은 구직자는 어디로 갔을까? 대기업, 공기업, 공무원의 지원자는 차고 넘친단다. 취업 시장의 미스 매치가 심각하다. '우리 회사가 뭐가 어때서?'라고 자위해보지만 큰 기업과의 조건 차이는 극명하다. 대기업에 비해 한참 부족한 우리 회사지만, 인재가 찾아오는 회사를 만들기 위해서 어떤 변화를 꾀해야 하는지 고심해야만 했다.

직원들에겐 확신이 필요하다

매출액. 이익. 직원 수, 회사의 미션 이런 문구와 수치가 입사지원자의 관심사가 아니다. '그래서 뭐?', '그게 나와 무슨 상관인데?'라는 생각을 하게 할 뿐이다. 입사지원자 입장에서 직장이란 인생의 중요한 선택이다. 연봉, 복리후생 등 단순한 조건뿐 아니라 그들에게 뭔가 특별한 확신을 줘야 한다. 계약 관계를 넘어 미래의 성장까지 함께 고민하는 관계가 되어야 한다. 학습하는 회사, 학습으로 얻은 가치와 지식을 공유하며 개인과 회사가 함께 성장하는 관계가 되어야 한다.

회사가 개인을 영원히 지켜줄 수 없고. 직원 스스로 자기를 지켜야 한다는 불안 심리가 만연하기 때문에 많은 인재가 조직에서 나와서 자신을 스스로 고용하는 인디펜던트 워커로 일한다. 미래에 대한 불안감과 부정적 내부경쟁이 있는 조직에서는 인재가 버티기 힘들다. 성장과 활력이 넘치는 건강한 회사 만들기에 고심해야만 했다.

방법 13

월급 올려주고 싶은 직원

나는 앞으로 어느 분야의 회사든, 심지어 제조업이나 유통업일지라도 소프트스킬이 강한 인재를 뽑아야 회사 역량이 성장하고 강화된다고 확신한다. 하드스킬의 업무 지식은 시대의 변화에 따라 가치가 변한다. 어제의 기술력이 내일의 기술력이 될 수 없을 정도로 기술의 트렌드는 빠르게 변한다. 하지만 소프트스킬의 가치는 영원하다. 주도성, 열린 마음, 호기심, 공감 능력, 소통 능력 등의 능력은 선천적으로 타고나고, 능력을 성장시키려면 오랜 시간과 노력이 필요하다. 소프트스킬이 뛰어난 사람의 몸값이 높은 이유이기도 하다.

내가 생각하는 소프트스킬의 핵심은 '메타인지'다. 메타인지는 어떤 상황에서 자신의 업무수행방식, 생각과 감정, 그리고 다른 사람들과의 의사소통 등을 객관적으로 인식하고 조절하는 능력이다.

메타인지가 높은 사람은 자신과 타인의 생각과 감정을 인식하고 이해하는 능력이 뛰어나다. 또한 자신과 타인의 능력과 한계를 인식하고, 개선하려는 의지가 강하다. 타인을 이해하고 존중하며 문제 해결과 의사결정에서 다양한 옵션을 고려한다.

이 A급 인재는 업무하면서 첫 번째로는 자원을 적게 쓴다. A급은 핵심에 집중할뿐더러 그 일을 누가 어떤 식으로, 몇 명이 하면 좋을지 각 사람의 역할과 과업을 명확히 한다. 이들은 인원이 과다하거나 겹치는 것을 못 참는다. 오히려 사람이 많으면 서로 부대끼고 우왕좌왕한다는 것을 알기 때문이다. B급이 자원을 요청하는 주요 이유는 본인이 직접 해서 성과를 낸 것이 아니기 때문인 경우가 많다. 필요한 자원을 이야기하라면 함께 일한 사람 몇 명을 스카우트해 오겠다고 하거나 컨설팅 업체와 협업, 혹은 어떤 시스템을 도입하겠다고 한다. 마케팅 투자를 요청할 때도 있다. 하지만 진짜 이유는 본인이 직접 하기보다는 다른 사람의 힘을 빌려서 했거나 그 일을 깊이 모르기 때문인 경우가 많다.

두 번째로는 시간을 당겨쓴다. A급 인재는 그 일을 완수하는 데 시간을 적게 사용한다. 가령 월요일에 과제를 주고 금요일까지 제출하라고 하면, A급은 수요일 퇴근이나 목요일 오전에 결과를 낸다. B급은 금요일 시간을 지킨다. C급은 그 다음 주 월요일이나 화요일에 갖고 온다. 그것도 왜 마감일을 지키지 않았느냐고 질책하고 난 뒤다. A급이 빠른 이유는 일이 없기 때문이 아니라 평소 일에 대한 기준이나 지식을 갖고 있거나 준비돼 있기 때문이다.

세 번째로 새로운 방식을 먼저 제안한다. 대표가 OK 사인을 해도 그는 문제점을 지적했다. 그냥 지나갔으면 몰랐을 일이고, 이로 인하여 본인의 업무가 더 늘어나는 부담이 있음에도 지적하고 제안했다. 이를 전격적으로 수용했다. 그리고 그의 판단이 옳았음을 확인했다. 그 덕분에 좋은 성과와 비용도 대폭 낮아지는 결과를 얻었다.

네 번째로는 결과를 낸다. 돌을 던지면, 호랑이는 그 돌을 던진 사람에게 달려들고, 어리석은 개는 돌을 쫓는다는 이야기가 있다. 문제의 원천을 쫓아가야지, 문제 자체를 쫓아 이

리저리 뛰어다니기만 해서는 문제가 해결되지 않는다. 항상 분주하게 일은 혼자서 다 하는 것 같은데, 결산해보면 항상 목표를 달성하지 못하는 사람이 있다. 아무리 근태가 좋아도 그는 좋은 소리를 못 들을 것이다. 비즈니스에서는 클로징(closing), 마무리가 확실해야 성과로 이어진다. 마무리가 약한 이유는 대부분 한가지 업무를 시작하고 끝내는 프로세스가 너무 길기 때문인 경우가 많다. 일이란 지시나 보고, 상황 설명이 아니다. 결과물을 만들어내는 것이다. A급 인재는 클로징을 한다.

인재는 회사에 인생을 걸지 않는다

A급 인재는 균형감을 유지하며 성과를 낸다. 역설적으로 이런 인재는 회사에 자신의 인생을 걸지 않는다. 스스로 경쟁력을 이미 갖추고 있기 때문이다. 인재가 머무는 회사는 직원들이 더 높은 업무 열의를 보이며 직원 만족도와 고객만족도가 높다.

작은 회사일수록 구성원 한 명 한 명의 성장 경험이 중요하다. 나는 우리 회사의 매력 포인트, 개선 포인트가 무엇인지 그들과 주기적으로 소통하며 발전시킨다. 나 자신 또한 그런 인재에게 잘 어울리는 경영자가 되기 위한 노력을 멈추지 않는다면, 언젠가 딸과 그 까칠한 면접자가 오고 싶은 강소기업이 되지 않을까?

방법 14

게으름은
부지런함의 목적

나는 직원들이 출근하기 전 아침 일찍 출근하길 좋아한다, 여섯 시쯤이면 길 막히지 않게 출근할 수 있을뿐더러 누구에게도 방해받지 않고 조용히 일할 수 있기 때문이다. 한 시간 동안 재무, 한 시간 동안 직원에게 보낼 메시지 정리, 한 시간 동안 회사와 개인 인스타그램·페이스북·블로그 확인, 한 시간 동안 직원 미팅, 한 시간 동안 고객 미팅을 하고 나면 정오가 되기 전에 내 할 일은 대부분 끝난다.

처음 입사하고 뒤에 경영 수업을 받을 때 아버지는 항상 강조하셨다. "사장이 가장 일찍 출근해서 가장 늦게 퇴근해야 한다. 사장이 모범을 보여야 직원들도 근면하게 일하는 법이다." 농업적 근면성의 시대를 살아온 아버지의 가르침이다. 저녁 늦게까지 의자에 외투를 걸쳐놓고, 직원들보다 먼저 사장이 퇴근하지 않았다고 보여주셨던 산업화 시대의 사장님이셨다.

나는 달랐다. 월요일부터 토요일까지, 아침 9시부터 저녁 6시까지 회사라는 공간과 정해진 시간에 묶여 일하는 방법이 최선일까 하는 의문이 항상 있었다. 고백하자면 뭔가를 하는 척하기 위해 일했던 시기였다. 성공한 사람들이 가장 싫어하는 '일을 위한 일(work for work)'을 하는 전형적인 모습이었다. 직원들의 마음도 크게 다르지 않으리라 생각한다. 오전 9시부터 오후 6시까지 주 52시간 근무라는 사회 공동 합의에 따른 시간표는 양으로 결과를 측정하는 방식이다. 이는 시대에 뒤떨어진 유물이다.

일하는 시간보다 일의 결과

생각해 보자. 급한 일이 생겨 2시간 후에 사무실을 나가야 하는데, 반드시 끝마쳐야 한다면 두 시간 안에 그 일을 기적적으로 끝내지 않는가. 사람의 집중력이란 제한되어 있기에 오래 일한다고 해서 잘하는 것은 아니다. 인간은 누구나 자기가 흥미를 느끼는 일에 집중하기 마련이다. 직장 일이란 생계와 관련하여 어쩔 수 없이 한다는 점을 받아들이면 직원들이 장시간 일하는 것에 곤혹을 느낀다는 사실을 쉽게 알 수 있다. 효율을 높이면 8시간 동안 할 일을 2시간이면 끝낼 수 있다. 오히려 근무 시간이 길면 근무 시간에 맞추어 일을 늘려가기 마련이다.

우리 회사는 다른 회사에 비해 야근이 없다. 휴일은 다 찾아서 쉰다. 웬만하면 일찍 퇴근하도록 권고한다. 직원 한 명 한 명의 입장에서 보면 회사는 그들의 삶의 목적이 아니다. 단지 삶의 도구일 뿐이다. 나도 직원들이 우리 회사를 자기 회사처럼 아껴주길 바라고, 주인 의식으로 밤낮없이 일해주기를 바라지 않는다. 나는 모든 직원이 현명하게 게으를 수 있는 기반을 마련해주고 싶다. 집중해서 몇 시간 일하고 결과가 나면, 눈치 안 보고 퇴근해 가족에게 돌아가길 바란다. 휴일이면 언제든지 쉴 수 있고 여행할 수 있고, 친구들을 만날 수 있는 게으른 환경을 만들어주고 싶다. 우리가 부지런한 것은 게으르기 위해서다. 게으름이야말로 부지런함의 목적이다.

방법 15

사장의 필요를 지우는
OKR 경영

　직원들이 사장이 있다는 것만을 알뿐 스스로 알아서 일한 다면, 그 사장은 가장 훌륭하다. 직원들이 친근감을 가지며 그를 존경해서 사장과 함께 일한다면, 그다음 수준으로 훌륭한 사장이다. 직원들이 사장을 무서워해서 시키는 일만 죽어라 한다면, 낮은 수준의 사장이다. 그렇다면 가장 좋지 않은 사장의 모습은 무엇일까? 직원들이 사장을 우습게 보고, 사장이 볼 때만 일한다. 3년 전만 해도 나는 가장 저급한 경영자였다. 거듭 실패한 후에는 무서운 사장도, 친근한 사장도 해보았다. 어떤 때는 성공하고 어떤 때는 실패했다.

회사 안의 코브라

 예전에는 주간 회의 시간마다 실적을 점검하고, 다그치는 분위기가 싫으면서도 어쩔 수 없이 참석했다. 대표라는 책임감 때문에 주간 회의를 하지만, 월요일이 부담스럽고 무거운 것은 나에게도 마찬가지였다. 매주 실적을 강조하고 질책하는 분위기에서 부작용이 발생했다.

 인도에서 코브라에 물려 죽는 사람이 많아지자 코브라를 잡아 오는 사람에게 포상한다는 해결책을 내놓았다. 초반에는 코브라가 줄더니 시간이 지나자 코브라가 더 많아졌다. 포상금의 규모는 점점 더 커졌다. 알고 보니 사람들이 코브라를 키워서 포상금을 받아 갔기 때문이었다. 우리 회사에 코브라 효과가 발생했다. 주간 회의 때마다 매출 목표와 개인 인센티브를 강조하니 팀워크가 사라지고 개인플레이가 난무해졌다. 프로젝트의 성과에 대해서 누가 더 이바지했는지를 겨루는 성과 공방이 생겼다. 영업실적을 내기 위해서 과다한 외상 매출을 깔아주는 거래처가 생겨났다. 이익을 줄여서라도 거래처와 매출을 늘리고 보자는 분위기가 생겨났다. 신규 고객이 채워지는 대신 오래된 단골이 빠져나갔다.

생산부와 연구소의 깊은 갈등

전통적인 인쇄 OEM 회사 업무를 하는 생산직 파트와 새롭게 시작한 브랜드사업부 간에 마찰이 끊이질 않았다. 수십 년 근속한 베테랑 생산직 파트와 새로 만든 브랜드사업부 간 소통의 어려움과 복잡미묘한 이해관계를 해결해보려고 다양한 시도를 했지만, 시너지 효과는 나지 않았다.

단합을 위한 워크숍도 해보고 답답해서 화도 내봤지만, 그때뿐이었다. 근본적인 해결책을 찾아야만 했다. '직원들에게 영감을 불러일으키면서 동시에 측정할 수 있는 목표를 설정하는 도구 OKR(Objective Key Result)'이라는 책을 읽고 가인지컨설팅 그룹을 찾아갔다.

OKR 교육에 직접 참가해 보니 OKR이 기대보다도 훨씬 훌륭한 도구라는 것을 알게 됐다. 교육 내용대로만 된다면 그동안의 고민은 깨끗이 사라질 것만 같았다. OKR 교육을 수료하고 코치 자격증을 획득했다. 그러나 나에게 가르치는 재능이 매우 부족하다는 것을 다시 한번 깨달았다. 교육받은 내용을 도무지 직원 코칭에 응용할 수가 없었다. 그나마 브랜드사업부는 조금이라도 받아들이려고 했지만, 생산직 부서는 어림도 없었다. 현업으로 바쁘고 골치 아프다는 이유였다. 내 입만 아파서 전문가의 손길을 빌리기로 했다. 가인지 컨설팅 그룹에 도움을 요청했다.

OKR 도입 후 6개월

OKR 주간 스프린트 미팅이 매우 효과적이다. 월요일에 목표를, 금요일에 결과를 공유한다. 월요일 미팅은 자연스럽게 미래지향적인 방향으로 변화했다. 문제해결 관점에서 목표를 가지고 대화하게 되었다. 3개월 단위로 목표를 설정했다. 3개월 목표를 세우는 것이 처음엔 부담이었다. 한 달 목표도 벅찬데, 3개월 목표를 제시하라 하니 직원들의 저항이 많았다. 하지만 팀별로 평가를 위한 목표를 세우는 것이 아니라 해결할 문제 하나에만 집중해보자고 제안했다. 당장 실적도 중요하지만, 동시에 3개월짜리 장기 과제를 관리해간다는 차원에서 유익했다. 실행이 없는 목표는 무의미하다. 애자일(Agile), 즉 빠르고 가벼운 실행을 통해 지식을 발견하고 공유해야 한다.

새로운 제도 도입에는 많은 희생과 노력이 따른다. OKR을 도입한 덕분에 나의 일이 더 많아졌지만, 긍정적인 모습으로 변해가는 조직을 보면 즐겁다. 목표가 있는 월요일, 피드백이 있는 금요일 문화가 정착되면서 회사는 비로소 '공돌이 문화'를 벗어나 커뮤니케이션 조직으로 변화되었다.

주체적 일의 도구, OKR

한동안 한국 사회를 지배하던 워라밸(일과 가정의 양립, Work and Life Balance) 열풍이 사라지고, 다시 일의 즐거움과 성장을 추구하기 시작했다. OKR이 환영받는 이유는 변화에 민감하게 대응하고자 하는 경영진의 니즈뿐 아니라 단기적인 성취를 경험하며 성장하고자 하는 새로운 세대의 열망도 담겨있었기 때문이다.

인간은 모두가 각자의 인생을 살고 싶어 하지만, 한편으로는 약속이나 한 것처럼 비슷한 시기에 사회에 진출해 직장에 들어가고 적당한 시기에 적당한 업무를 부여받고 적당한 급여로 살아간다. 마치 모두가 같아지기 위해 노력하는 것 같다. 세상의 관습을 그대로 받아들이지 말고, 무엇이 진정한 진리인지를 판단하고 살아갈 필요가 있다.

 OKR은 직장을 포함해 어디에서나 주체적으로 목표를 정하고, 자신들이 가설을 검증하며 성취하고 협력하며 살 것을 촉구한다. 목표 없이 살던 사람에게 목표를 갖게 하고 훈련과 연습의 근육이 없는 사람에게 스프린트 하는 강력한 도구를 제공한다. 팀워크가 약한 팀에게는 스크럼을 제공하고 소통이 부족한 조직에는 소통의 틀을 제공한다. 이런 도구는 우리가 인생을 더욱 주체적으로 살아가도록 돕는다. OKR은 단순한 성과 향상 도구를 넘어 모든 사람이 세상을 향해 도전하게끔 도와주는 도구이다.

방법 16
재무 회계

"대표님. 오늘 월급날인데 도저히 자금이 되지 않는 것 같아요." 경리 직원이 조심스럽게 말을 꺼냈다. 회사에 비축된 자금으로 한두 달이야 버틸 수 있으리라 생각했는데, 예상보다 빠르게 통장이 바닥을 드러냈다. 부자 공동 경영에서, 나는 아버지를 의지하고 아버지는 아들이 알아서 잘하겠거니 서로를 믿다 사단이 난 결과였다. 이제는 나 혼자 온전히 재무까지 책임져야 한다고 생각하니 아찔했다.

회계를 모르는 경영은 음주 운전이나 마찬가지

작은 회사의 경영자는 따로 CFO를 둘 형편이 안 되는 경우가 많다. 기본적인 재무 관리뿐만 아니라 예산 관리, 자산 관리, 대출 관리, 가격 관리까지 경영자가 직접 챙겨야 한다. 회사의 많은 일 가운데서도 특히 엉뚱한 문제가 발생하지 않아야 할 분야가 바로 재무 분야이다. 장부상에는 이익이 나지만, 현금흐름 상에서는 손실인 경우가 있다.

작은 회사의 경영은 현금 흐름과 경영 계기판이 한눈에 쏙 들어와야 한다. 전문 회계 프로그램을 익힐 필요까지는 없다. 엑셀이면 충분하다. 엑셀은 쉽고 강력한 기능을 가지고 있어 재무 관리에 매우 유용하다. 서점에서 책 한 권만 읽어보자. 엑셀의 전체 기능 중 20%만 다룰 줄 알아도 경영자는 재무 관리의 고수가 될 수 있다.

3M만 관리해도

숫자의 이면에는 겉으로 드러나지 않는 다양한 문제점과 성장의 단서가 숨어있다. 매일 1시간만 3M을 관리하면 자연스럽게 숫자가 말을 걸어온다. 회사와 사업을 보는 눈도 달라진다.

Money

통장 관리만 잘해도 복잡한 회계지식 없이 대부분의 재무관리가 소화 가능하다. 통장은 steps 5개 통장으로 쪼개라. 통장을 하나만 사용하면 세무 대리인만 편하다. 목돈이 들어오면 사용하고 싶은 것은 사람의 본능이다. 각 통장으로 쪼개면 형편에 맞춰 살림하게 된다.

Sales 세일즈, 매출 / Tax 세금 / Expense 지불 비용 / Profit 이익 / Safety 비상금

Marketing

매출은 사업의 산소다. 매출 없는 사업은 죽은 사업이다. 재무제표가 경영의 후행지표, 즉 백미러라면 매출과 마케팅은 앞 유리와 같다. 과거의 지표인 재무제표나 미래의 사업계획

보다 오늘의 매출이 우선순위임을 명심하라.

Morning

자주 보지 않으면 멀어진다. 매일 보는 위력은 크다. 경영계기판을 통해 매일 아침 30분 Money와 Marketing, 두 가지는 반드시 챙겨라.

고객이 행복하게 값을 지불할 만한 가치 만들기

애플은 삼성전자보다 시장점유율은 낮지만, 이익은 월등히 높다. 당신은 어떤 사업을 하고 싶은가. 가격을 높이는 방법은 그 무엇보다 압도적인 이익 창출 방법이다. 가격 결정은 경영자의 일 중 가장 중요한 책임을 지닌다.

"가격을 낮추지 않으면 더 이상 거래를 하지 않는답니다." 협상력에서 '을'인 소기업이 흔히 겪는 상황이다. 이때 가격을 낮추느냐 마느냐만 볼 것이 아니라 가격을 깎지 않으면서도 거래나 수익을 유지할 수 있는 방법을 찾아야 한다. 경영은 정해진 답이 없다. 제3의 대안을 찾는 것이 경영이다. 품질, 소통방식, 프로세스, 근무 시간, 결제 조건, 납기, 배송 방식 등 수많은 거래조건의 변수를 창의적으로 조합하면 제3의 대안을 낼 수 있다.

고정비 최소화

변동비, 고정비 중 경영자가 가장 관심을 가져야 하는 부분은 고정비다. 고정비가 큰 사업은 불경기에 큰 타격이 불가피하다. 고정비는 한번 세팅하면 바꾸기 쉽지 않다. 그래서 고정비용을 늘리는 것엔 신중해야 한다. 한번 늘린 고정비용은 위기가 올 때 나의 목을 죈다. 아웃소싱은 경영의 치트 키다. 고정비용의 필요성을 면밀하게 점검하고 가능한 것은 아웃소싱하라. 경영자의 의지와 솔선수범만이 비용 절감의 성패를 좌우한다. 비용 절감의 고통을 직원에게 전가하고 호의호식하는 경영자를 보면, 직원들은 불만을 품게 된다. 모두가 물방울이 똑똑 떨어지는 수도꼭지를 잠그는 경영자의 모습을 지켜보고 있다.

리프레임
Reframe

무리해서라도 사옥을 마련해야 하는 이유

현실적인 일보다 비현실적인 일이 더 쉽다

디지털 트랜스포메이션

전통을 재해석하면 새로운 미래가 보인다

브랜드

프레임

무리해서라도 사옥을
마련해야 하는 이유

사촌이 건물주가 되면 배가 아프다

"저 인쇄소 땅값이 올라 지금 부자가 됐어. 사람 팔자는 참 모를 일이야." 20년 전 사옥 마련의 꿈이 어음부도로 날아가 버린 후로 오랫동안 나는 세입자로 살았다. 스마트폰이 A급 상권이라는 말로 스스로 위로했지만, 천정부지로 치솟는 을지로의 땅값을 보며 부러워하던 어느 날 회사 근처 부동산에서 연락이 왔다. 급매물이 나왔단다. 별 기대 없이 가보니 익숙한 곳이었다. 건물은 낡았지만, 땅이 꽤 넓어 마음에 들었다. 하지만 내가 가진 현금은 계약만 가능할 정도였다. 최소한 반 이상 내 돈을 가지고 부동산을 매입해야 한다는 것쯤은 알기에 입맛만 다실 뿐이었다. 하지만 잠이 오질 않았다. 기도했다. 기적이 벌어졌다. 다른 회사가 포기한 정책 자금 대출의 기회가 우리에게 돌아왔다. 자금 규모와 사용 목적이 우리가 제출한 사업계획서와 일치한다는 이유였다. 전혀 기대하지 않았던 자금이 조달되었다. 이렇게 중도금을 해결했다. 부족한 잔금은 살고 있는 아파트 담보 대출과 양가 부모님께 빌린 돈으로 메꾸었다. 비록 많은 대출을 일으켰지만, 이자와 기타 비용을 합쳐도 기존에 내던 임차료보다 낮다는 계산이 나와서 마음은 가벼웠다.

못 나가고 버티는 세입자들

다음은 세입자 명도다. 매입한 건물로 우리 회사가 들어가려면 세입자들이 나가줘야 한다. 세입자들은 모두 그 건물에서 10년 이상 영업하고 있는 자영업자들이었다. 세입자들을 일일이 만나 우리의 사정을 설명했다. 처음엔 '못 나간다.', '배 째라.', '합의금 달라.'며 돌덩이같이 움직이지 않던 세입자들의 마음이 조금씩 움직였다. 수십 년 터를 잡은 곳에서 내쫓기는 심정이 얼마나 아프겠는가? 합리적인 수준의 위로금으로 합의하고, 명도가 원만하게 완결됐다. 만일을 위해 변호사가 준비한 살벌한 내용 증명을 보내지 않길 참 잘했다. 6개월 만에 명도가 끝났지만, 사용하기에 건물은 너무 낡았다. 인쇄기 무게를 못 버티고 건물이 폭삭 내려앉을 것 같았다.

사기꾼 건축업자와의 만남

"간단합니다. H빔으로 뼈대만 보강하면 3개월 만에 입주할 수 있어요." 동네의 인테리어 A 사장의 이야기다. 워낙 사근사근해서 아내가 좋아하던 인테리어 업체 사장이었다. 건축은 인테리어와 다른 분야라고 생각해서 거절했지만, "이 공사 별거 아닙니다. 이런 공사 많이 해봤어요." 하며 견적과 스케줄을 제안한다. 빠듯한 우리 사정에 알맞은 금액과 공사 기간이다. 설마 동네의 단골손님에게 거짓말하겠느냐는 생각에 덜컥 계약했다. 다만 뭐든지 자신 있다는 A 사장이 불안해 보여 친분 있는 건축사를 통해 검토했다. 건축사는 딱 세 가지만 주의하라고 일러주었다. '지붕 들어내지 말라.',

'공무원에게 걸리지 말라.', '민원을 최소화하라.'는 것이었다.

"다 알고 있는 상식입니다. 걱정하지 마세요" A 사장은 역시나 호언장담했고, 대수선 공사가 시작됐다. 얼마 후 민원이 들어왔다. 현장에 먼지가 너무 많이 나서 주민들이 난리란다. 달려가 보니 물을 안 뿌리고 벽을 부쉈다고 했다. 주민들에게 음료수를 돌리고 양해를 구했다. 얼마 후 또 민원이 들어왔다. 쥐 떼가 쏟아져 나왔다고 했다. 지붕과 벽 사이에 살던 쥐들이 공사에 놀라 튀어나왔다. "제발 민원 들어오지 않게 해주세요."라는 부탁에 A 사장은 "원래 이런 거예요."라고 큰소리친다. 얼마 후 장마가 시작됐다. 모든 게 멈췄다.

장마로 인해 골조만 남은 상태에서 리모델링 공사가 멈춰섰다. "어휴~ 장마가 길어지네요. 인부들 인건비를 줘야 하는데, 중도금 결제를 부탁합니다." 공사 일정이 늦어져서 불안했지만, 중도금을 지급했다.

날벼락 같았던 불법 건축 공사 중지 명령

중구청 도시재생과에서 공사를 중지하라는 연락이 왔다.

"이미 공사가 반이나 진행됐는데, 인제 와서 중지라니요?"
"불법 건축 행위입니다. 이 사진 보세요." 적나라하게 지붕을 드러낸 현장의 사진이 보였다. 건축법상 지붕을 들어 올리면 대수선 공사가 아닌 재건축 공사가 돼버리니 조심하라던 건축사의 말이 떠올랐다. 구청 담당자에게 사정사정했지만 안 통했다. 결론적으로 우리의 선택지는 딱 두 가지다. 첫 번째는 부수고 새로 짓는 것이다. 단, 건축비 수억 원이 추가된다. 두 번째는 대수선 공사를 그대로 진행하는 것이다. 단 매년 불법 건축 강제 이행금 1,000만 원을 납부해야 한다. 그야말로 사면초가다. A 사장에게 따져 물었다. "문젯거리가 될 부분은 없다고 했잖아요?!" A가 대답했다. "장마 때문에 공사가 지연되어 밀려서 빨리 끝내려고 지붕을 열었는데, 재수 없게 걸려버렸네."

원점으로 돌아가 신축으로

경험 없고 실력 없는 업자의 부주의로 모든 것을 망쳤다. 이런 상황임에도 A 사장은 미리 주문해 놓은 원자재 비용을 결제해 달라며 잔금 결제를 요구했다. 이미 지급한 계약금과 중도금을 돌려받아도 억울할 판국에 사용할 수도 없는 재료비를 지불하라니 어이없지만, 막무가내였다.

지인인 건설사 대표에게 도움을 요청했다. 위치를 확보해 김포와 남양주의 건축 자재 창고를 급습했다. 예상대로 엉뚱한 물건을 보여주며 우리가 발주한 건축자재라고 속인다. 눈 가리고 아웅이다. 전문가인 건설사 대표가 집요하게 캐물으니 결국 모든 말이 거짓으로 드러난다. 철근, 창틀, 외벽마감재 어느 하나 주문하지 않았다. 사진과 녹취를 확보한 후 A 사장의 사무실로 찾아가 증거를 들이댔다. 발뺌할 수 없는 증거 앞에 무거운 침묵이 흐른다.

갑자기 A 사장이 벽에 세워진 골프채를 집어 든다. "당신이 뭔데 끼어들어?"라며 골프채로 건설사 대표를 위협한다. 나와 아내가 겨우 뜯어말렸다. 우리가 알던 친절한 단골 인테리어 사장님이 맞나 싶었다. 이익 앞에서 사람은 변한다.

덕분에 더 이상의 금전적 피해는 면했지만, 이미 지불한 계약금과 중도금, 그리고 수개월의 시간은 돌릴 수도, 보상받을 수도 없다. 이대로 주저앉아 있을 수는 없었다. 어떻게든 나가야 한다. 모든 것을 부수고 새로 짓기로 한다. 땅을 담보로 은행에서 건축비를 조달했다. 우선 믿을만한 건축사를 구해야 한다. 구청 담당자에게 문의했다. 서울 사대문 안의 재개발 지역의 특수성을 잘 알고, 구청 인허가 경험이 많은 건축사 소개를 부탁했다.

구청에서 소개해준 세 명의 건축설계 업체를 만났다. 각각의 해법이 다르다. 도대체 누구의 말을 믿어야 할지 모르겠다. 공사 현장 옆 그야말로 옛날식 다방에서 차례차례 미팅했다.

착한 일 많이 하셨나 봐요.

멀리서 지켜보던 다방 사장님이 넌지시 조언해 준다. "저 사람들 다 아는데, 서기 젊은 사장이 제일 일 잘하는 것 같아요." 다방 사장님이 추천한 파로스 건축사무소의 레퍼런스를 살펴봤다. 작은 공간 건축설계를 잘한다. 대표가 담백하다. 맘에 들었다. 단, 조건이 있단다. 문화재 발굴조사를 통과해야 일을 시작할 수 있단다. 깊이 30cm, 넓이 10㎡의 땅을 파서 유물, 즉 도자기 조각, 뼛조각 하나라도 나오면 넓이 30㎡, 깊이 3m를 더 파야 한다. 거기서 또 무언가가 나오면 문화재 보존 지역으로 묶여 아예 건축할 수 없게 된다. 서울은 조선왕조 500년 동안 수도였다. 서울은 그야말로 '유적 지뢰밭'이다. 유물이 나올 확률이 70% 이상이란다. 확률 없는 도박을 하는 셈이다. 내가 할 수 있는 건 기도뿐이었다. 조심스럽게 땅을 파나갔다. 기적이다. 아무것도 안 나왔다. 담당 공무원이 이야기한다. "착한 일 많이 하셨나 봐요. 이런 확률이 희박한데…."

무리해서라도 사옥을 마련해야 하는 이유

회사 전체가 건물에 들어가는 것이 최초의 계획이었지만 새로 건축하면서 새 건폐율과 용적률이 적용됐기 때문에 건축면적이 줄어들었다. 작아진 공간에 연구소와 팩토리가 함께 들어갈 수가 없어서 분리했다. 연구소는 신사옥에 입주하고, 팩토리는 가까운 곳에 임대를 얻기로 했다. 우여곡절 끝에 건물이 완성됐다.

비록 엘리베이터도 주차장도 없는 꼬마빌딩이지만 규모는 중요하지 않았다. 내 건물을 마련하고 그 안에서 일을 한다는 것에 마음가짐이 달라진다. 마음가짐이 달라지면 사업의 운도 달라진다.

　은행 대출은 물론 가족의 도움, 영혼까지 박박 털어 넣어 마련한 사옥에 드디어 입주했다. 세계 경제는 불안하다. 부동산가격은 내려가고 이자는 더 오른다고 한다. 두렵기도 하고 앞으로 어떻게 될지는 모르겠지만, 나의 도전은 틀리지 않았다고 믿는다. 어차피 나갈 월세를 이자로 전환했다는 것 외에도 다른 의미가 있다. 사고 나면 채워진다. 늘어나고 성장한다. 사업의 터를 뿌리내리고 터전을 잡았다. 흩어져버리는 자원을 한곳으로 모아 응집력을 키우는 효과가 있다. 사옥은 유사시 현금을 융통할 수 있는 자원으로서 사업에 안정감을 부여한다. 업무환경은 돈을 벌고 나서 개선하는 것이 아니라 공간을 개선하면 생산성이 높아져 돈을 번다. 더 좋은 인재를 유치하고 고객에게 새로운 경험을 제공하는 환경을 제공할 수 있다는 점도 큰 장점이 있다.

행운은 준비한 자의 몫

정말 좋은 매물은 예고 없이 나타났다가 사라진다. 그래서 항상 깨어 있어야 한다. 평상시 내 회사, 내 집 근처 부동산에 관심을 가져라. 구석구석을 다니다 보면 부동산을 보는 안목이 길러진다. 나 역시 발품을 팔며 좋은 물건을 많이 보고 다녔다. 틈만 나면 근처 부동산 사장님과 차 한잔하며 친하게 지냈다. 그들은 귀신같이 건물주가 될 자격이 있는 사람을 알아본다. 준비된 손님에게 알짜정보를 제공한다.

따라서 사옥 계획이 있다면 미리미리 자금계획을 세워놓는 게 좋다. 모자라는 부분은 융통하는 방법을 평소에 모색해두어야 한다. 내 집을 담보로 가능한 대출액은 어느 정도인지, 여차하면 인맥을 동원할 수 있는 금액이 어느 정도 인지 수시로 점검했다가 좋은 매물이 나오면 신속하게 결정해야 한다. 내 눈에 좋은 물건은 남들 눈에도 좋은 물건이다. 따라서 미리 준비하는 사람에게만 기회가 주어진다는 것을 명심하자. 아마도 마음에 드는 부동산이 나타나면 예산의 벽에 부딪힐 것이다. 보유자금이 적을수록, 눈높이가 높을수록 선택의 폭이 좁아질 확률이 높다. 이때는 무엇보다 부동산에 무엇을 담느냐의 기준으로 의사결정을 하기를 추천한다. 내 회사의 색깔과 비전을 잘 담을 수 있는 부동산이라면 당장의 부동산 가치가 크지 않을지라도 충분히 매력적인 부동산으로 변신한다.

  오늘의 내 모습은 지금까지 행동의 결과다. 이자가 무서워서, 부동산 공부가 귀찮아서 현실과 적당히 타협하며 세입자로 안주한다면 내일도 그렇게 살아갈 것이다. 과거에도 기회는 존재했으며 앞으로도 존재한다. 지금도 바로 옆에 기회가 있다는 것을 믿고 사옥 마련에 도전해보자.

현실적인 일보다
비현실적인 일이 더 쉽다

빚을 무조건 두려워하지 말라

무모한 도박이 아니라 나름대로 승산 있는 도전이라면, 오히려 적극적으로 시도해야 한다. 확률이 60% 이상이면 도전한다. 빚이 두려운가? 나는 은행 차입금 30억 원을 어떻게 갚아야 하는지 항상 고민하는 사람이었다. 빚만 생각하면 잠을 잘 수가 없었다.

그러다 우연히 책 한 권을 읽고는 생각을 바꿨다. 갚으려고 하니까 고민이다. 그런데 생각해봐라. 은행이 빌려준 돈만큼 꼭 갚기를 바라는가. 은행이 돈을 빌려준 이유는 이자를 받기 위해서다. 은행은 가능하면 계속 돈을 빌려줘서 이자를 받길 바란다.

 은행 빚을 갚지 말라. 돈을 떼어먹으라는 말이 아니다. 소극적으로 생각하지 말고 더 대담하게 사업해 더 많은 수익을 내고, 더 많은 이자를 확실히 내라. 어중간하게 30억 원을 빌리니까 무섭다. 300억 원쯤 빌리면 어떨까? 농담이지만 빚을 재산으로 생각할 수 있을 때 진정한 기회를 잡을 수 있다.

당신을 과소평가하지 마라

 현실적인 목표에 대한 경쟁이 가장 피 터지기 때문에 역설적으로 시간과 에너지 소모가 많다. 당신이 자신감이 없다면 알아두라. 세상의 다른 사람들도 거의 다 그렇다는 것을. 경쟁에 대해 너무 과대평가하지 말고, 당신을 과소평가하지도 마라. 당신은 생각보다 훨씬 나은 사람이니까. 또 다른 이유로 비이성적이고, 비현실적인 목표는 달성하기 쉽다.
 큰 목표를 세우면 아드레날린이 생성된다. 아드레날린은 목표를 이루는데 동반되는 고난이나 시련을 인내하고 극복하는 힘을 준다. 평범한 수준의 목표는 영감을 주지 못할 뿐 아니라 쉽게 포기하게 만든다. 주어지는 대가가 그저 그렇다면, 당신의 노력 또한 그저 그럴 수밖에 없다. 낚시도 사람들이 잘 가지 않는 곳에서 잘 되듯이 큰 목표를 위한 경쟁은 적기 마련이다.

디지털 트랜스포메이션
Digital Transformation

 금방 끝날 줄 알았던 코로나가 길어지자 매출이 반토막으로 줄어들었고, 월급, 임대료, 대출이자조차 지급하기 어려워졌다. 당장 발등에 떨어신 불도 문제였지만, 앞으로 어떻게 살아가야 할지 몰라서 두려웠다. 반토막 난 매출로는 도저히 현재의 고용을 유지할 수 없어 몇 명의 직원들과 안타까운 이별을 했다. 코로나 특례로 받아들여진 임차료와 국세 유예신청을 하고, 나라에서 받은 '디지털 전환 특별지원금'으로 간신히 숨만 쉴 수 있게 됐다. 이제 죽기 아니면 까무러치기다. 그동안 미루어왔던 디지털 트랜스포메이션(Digital Transformation)을 더 이상 지체할 수 없게 됐다.

디지털은 아날로그의 적인가?

전통적인 아날로그 사업에 종사하는 나는 그동안 디지털이 나의 사업을 망치고 있다고 생각했다. 지하철 안에서 스마트폰만 보고 있는 사람들을 보면 두려웠고, 아주 가끔 책이나 신문을 읽는 사람을 보면 그렇게 반가울 수가 없었다. 기존의 주력 사업이던 아날로그 인쇄판 사업(CTP)을 철수하고, 디지털 출판으로 전환했다. 기존 하드웨어적인 제조역량보다는 소프트웨어 역량이 핵심역량으로 요구되어 우리는 미디어컴퍼니로 거듭나고 있다.

디지털 트랜스포메이션이란 기업이 새로운 비즈니스모델, 제품, 서비스를 창출하기 위해 디지털 역량을 활용함으로써 파괴적으로 변화하여 기업의 프로세스를 디지털 기반으로 혁신하는 것이다.

그동안 어설프게나마 디지털 트랜스포메이션 시도를 했지만, 실패했던 이유는 기술적인 어려움보다 변화에 대한 절박함이 부족했기 때문이었다. 인터넷 기업은 IT를 잘 알기 때문에 혁신할 수 있다. 또 스타트업은 문화와 습관이 자리 잡기 전이기 때문에 변화에 대처하는 속도가 빠르다. 하지만 우리 같은 아날로그 기업은 IT 기술이 약하고, 변화의 속도 또한 느리다.

 전통산업의 틀을 넘어 디지털로 체질을 변화하려면 조직 전체의 마인드를 뒤엎어야 한다. 아날로그 산업에서 평생 일해온 구성원이 디지털을 받아들이기는 쉽지 않다. 정부지원금까지 받은 상황에서 디지털 트랜스포메이션은 더 이상 선택이 아니라 필수였지만, 디지털 트랜스포메이션을 왜 해야 하고, 무엇을 얻을 수 있는지 나조차도 확신이 부족했기 때문에 구성원을 설득하기 어려웠다. 급한 마음에 뜸도 들기 전에 뚜껑을 열었던 지난 실수를 되풀이하지 않기 위해 우리에게 당장 필요한 부분부터 작게 변화하기 시작하고, 공부한 뒤에 점차 넓혀나가기로 했다.

 디지털 트랜스포메이션은 단순히 디지털 기술을 접목하는 것에서 그치지 않고, 디지털을 응용해 가치를 만들어가야 한다. 예를 들면, 키오스크로 주문을 쉽고 빠르게 하는 것뿐 아니라 키오스크를 통해 축적된 데이터로 고객의 행동을 읽어내고 끝그림을 그릴 수 있어야 한다. 데이터를 분석하면 트래픽이 발생하는 시간과 한가한 시간에 매출 올리는 방안을 고민할 수 있다. 데이터를 통해 고객의 행동을 이해하는 것이다.

디지털 트랜스포메이션의 목적은 가치 제공

요즘 사주 애플리케이션이 인기다. 재미있을 뿐 아니라 나의 미래에 대한 대비책을 마련하고 싶어 하는 사람들의 욕구를 해결해주는 가치는 제공하기 때문이다.

우리는 SNS 플랫폼부터 시작했다. SNS는 기업의 작은 플랫폼이다. SNS에서 로그데이터를 분석하기 시작했고, 인스타그램, 페이스북, 네이버 블로그에 매일 포스팅하며 우리의 제품과 서비스가 온라인상에서 어떻게 고객들에게 인식되고 반응하는지 분석했다. 그 감각을 피부로 느끼기 위해 외주를 주지 않고 직접 한땀 한땀 포스팅 했다. 실무에서 한 발짝 뒤로 물러나 있던 대표가 직접 나서니 직원들도 동참하기 시작한다. 요즘 우리 회사는 전에 없는 속도로 움직이고 있다. 신규 인력을 뽑고 새로운 도전을 이어 나간다. 아날로그 인쇄 회사였던 우리가 디지털 미디어 회사로 탈바꿈 중이다. 우리는 지금 골든 타임을 지나고 있다.

고객을 만족시키기 위해 직원들은 어느 때보다 기민하게 소통하고 움직인다. 모두 디지털을 이해하기 때문에 가능한 액션 피드백이다. 재방문, 재구매하는 온라인고객이 늘어나자 조금씩 자신감이 생겨났다. 손님이 언제 올까 기다리고. 일감이 오면 그때야 움직이기 시작하던 우리가 먼저 제안하고 고객의 움직임을 예상할 수 있는 것은 디지털 트랜스포메이션 덕분에 가능한 일이다. 성과가 아직은 미미하지만, 긍정적인 변화를 경험하며 할 수 있다는 자신감을 가지게 된 것만으로도 의미가 있다.

디지털 트랜스포메이션, 너무 어렵게 생각하지 마라

디지털 트랜스포메이션이라는 어려운 말에 겁먹을 필요는 없다. 디지털은 목적이 아니리 수단이다. 어떤 도구가 당신에게 가장 적합한지 시험하면서 확장하면 된다. 해결할 문제만 정확하게 알고 있다면, 기술은 취사선택해 외부에서 조달할 수 있다. 디지털 트랜스포메이션 하려고 마음만 먹으면 오픈된 소스, 오픈된 자료는 꽤 많다.

네이버 키워드 검색어만 분석해도 시장과 고객의 이해도가 급상승하는 것을 경험한다. 못 믿겠다면 당장 네이버 클라우드 플랫폼에 들어가 검색해보라. 네이버가 제공하는 수많은 기술 중 당신의 사업에 적용할만한 부분을 잘 선택해보자. 디지털 트랜스포메이션은 생각만큼 어려운 일이 아니다. 디지털 기술을 조금만 알면 어마어마하게 혁신할 수 있다. 회사의 기존 비즈니스 방식을 완전히 탈바꿈하고 새로운 회사로 도약할 수 있다.

전통을 재해석하면
새로운 미래가 보인다

MZ세대가 트로트를 좋아하는 이유

코로나 이후 세상은 디지털이 아니면 안 될 것처럼 야단법석이다. 언택트, 디지털 트렌스포메이션, AI, 블록체인 등 어려운 단어로 시끄럽더니 지금은 TV만 틀면 트로트가 나오고 어린 딸은 8~90년대 노래를 흥얼거리고 있다. 동묘, 을지로 골목에는 MZ세대들이 몰려드는 진풍경이 펼쳐진다. 도대체 트렌드는 알다가도 모르겠다.

 나는 아날로그 시대에 태어나 세상이 디지털화되는 모습을 생생히 목격했다. 레코드판의 지직거림과 카세트테이프의 늘어지는 소리를 기억하고, 카메라 필름 한 컷이 버려질까 아까워 영혼을 끌어내 자세를 취하던 세대다. 가끔 그 아날로그의 감성이 그립기는 하지만 디지털의 편리함을 포기하고 싶지는 않다. 이 불편한 아날로그를 10대, 20대가 좋아하고 찾는 이유가 뭘까 궁금했다.

아날로그가 나에게는 구닥다리지만, 그들에게는 새롭고 쿨(cool)할 수 있다. 나에게는 오래전에 흘러간 노래가 그들에게는 신곡일 수도 있다. '모든 오래된 것이 머지않아 새로운 것으로 탄생할 것이다.'라고 한 스티븐 킹의 말이 실현된 것일까? 지금의 10대, 20대에게 디지털은 특별하지 않다. 그들이 태어났을 때 인터넷이 이미 존재했고, 세상은 이미 디지털화되어 있었기 때문이다. 그들에게 디지털은 도달해야 할 목표도, 반짝이는 신기한 물건도 아닌 그저 기본값에 불과하다. 디지털 네이티브에게 신기하고 새로운 것은 오히려 아날로그다. ' 디지털에 둘러싸인 우리는 이제 더 촉각적, 인간적인 경험을 원한다.'라고 말한다. 많은 사람이 그런 경험을 위해 기꺼이 웃돈을 지불할 용의가 있다. 그것이 디지털보다 훨씬 번거롭고 값비싼데도 말이다.

아날로그의 반격

"아날로그는 디지털이 겪는 문제들, 즉 오감과 스킨십의 아쉬움을 해결해주기 때문에 만약 종이출판과 디지털출판의 등장순서가 뒤바뀌었다면, 종이출판은 오히려 디지털출판을 파괴하는 혁신 기술이 되었을 가능성이 크다."

「아날로그의 반격(디지털, 그 바깥의 세계를 발견하다)」
<데이비드 색스>의 내용 중

종이출판을 하는 나에게는 복음처럼 귀한 말이다. IT에 밀려 종이 출판시장이 사라질 것이라는 예측이 무색하게도 매년 출판 종수와 작가의 수가 늘어가고 있다. SNS와 플랫폼에 올라오는 엄청난 양의 콘텐츠를 보면 사람들의 창작 욕구와 자랑 욕구의 시장이 얼마나 큰지 알 수 있다. 어쩌면 많은 니즈가 있지만 우리가 그 니즈를 모르고 있는 게 아닐까 하는 생각이 든다. 영상. 애니. 캐릭터, 게임, 음악, 웹툰, 패션 등이 포함된 성장 콘텐츠 리스트에서 제외돼 홀대받던 출판이 2021년 리스트에 포함됐다. 나의 기대와 예측이 틀리지 않았음을 확인하니 기쁘다.

작가들의 베이스캠프, 을지로 인쇄소

우리 회사를 방문한 손님에게 인쇄 골목을 돌아보며 인쇄를 체험할 수 있도록 하고, 즉석에서 '나만의 책' 한 권을 만들어가는 경험을 제공하기 시작했다. 을지로 골목의 인쇄소가 '작가들의 베이스캠프'이며 고객 경험을 제공하는 '리테일 미디어'가 된 셈이다. 물질이 풍요해지면서 경험과 스토리의 가치가 높아지고 있다. 값을 더 치르더라도 가치를 사는 의미 소비의 시대다.

모든 비즈니스는 두 가지로 양분된다. 하나는 전통 비즈니스고, 다른 하나는 생동하는 비즈니스다. 다시 돌아오지 않을 좋았던 과거를 그리워하는 비즈니스와 미래를 재창조하는 비즈니스 로 나누어진다.

내가 하는 일은 필요의 관점에서 바라보면 레드오션이고, 욕망의 관점에서 바라보면 블루오션이다. 경쟁사가 필요의 프레임에 머물러 있을 때, 우리는 욕망의 프레임으로 출판과 인쇄를 바라봤다. 그 달라진 시선에서 우리는 새로운 미래를 만들어간다.

오프라인 크리에이터

아버지가 창업 후 몇 년 전까지 우리 회사는 '오퍼레이터'였다. 크리에이터가 만든 무형의 창작물을 유형의 것으로 치환해주는 생산자의 역할을 해 왔다. 오퍼레이터의 역할만으로도 충분히 먹고살 만했다. 그러나 챗지피티(Chat GPT) 등 AI가 상용화되면서 오퍼레이터로서는 생존이 어려운 시대가 훅 다가왔다.

미래학자들은 기계가 노동을 대체하는 미래 사회에서 인간의 일로 '크리에이터'에 주목한다. 크리에이터는 현재 유튜브 등의 다양한 플랫폼에서 영상 콘텐츠를 제작해 유통하는 창작자를 의미한다. 이전에는 크리에이더의 뜻이 달랐다. 예술가, 발명가 등 뭔가를 새롭게 만드는 사람을 표현하는 단어였다. 크리에이터의 의미가 특별한 능력을 갖춘 극소수의 일에서 전 세계의 청년들이 선망하는 일로 변했다. 크리에이터 경제는 거대 산업이다. 한국은 크리에이터 경제를 선도하는 나라다. 한국기업이 웹툰, 웹소설 등 세계 표준으로 인정받는 콘텐츠 플랫폼을 개척했고, 콘텐츠 크리에이터 수도 세계 최고 수준이다.

오프라인 크리에이터 산업도 확장세가 크다. 오프라인 크리에이터는 출판, 공간, 인테리어, 행사, 전시, 굿즈 등 오프라인 콘텐츠를 만든다. 성수동, 한남동, 을지로 등 최근 사람과 돈을 모으는 상권은 예외 없이 오프라인 크리에이터들이 활동한다. 네이버 창작자 생태계에만 1,000만 명 이상 웹툰, 웹소설, 블로그에 참여한다. 크리에이터 산업은 앞으로도 계속 성장할 전망이다.

개인의 창작을 지원하는 출판사, 인쇄사도 모든 사람을 크리에이터로 대우하고 지원 시스템을 구축하는 시대가 다가온 것이다. 세상은 변한다. 온라인뿐만 아니라 오프라인 콘텐츠의 비즈니스도 함께 요동치고 있다.

브랜드

"왜 재미없는 일을 하나요?"

어렸을 때 나는 창작을 좋아했다. 초등학교 때는 교내에서 꽤 인기 있는 만화작가였다. 중학교 때는 문예반, 고등학교 때는 방송반, 대학교 전공도 방송 커뮤니케이션을 택했다.

운명처럼 찾아온 인쇄가 나에게 맞지 않는다는 것을 깨닫는 데 오래 걸리지 않았다. 도급자의 일이 재미가 없었다. 하청에 재하청을 받아 을의 위치도 아닌 병·정과 같은 약자의 위치에서 적은 권한으로 하는 일이었다.

하지만 잘하는 일과 좋아하는 일은 별개라는 생각으로 애써 외면하며 살아왔다. 오랫동안 잊고지내던 창작본능이 깨어난 것은 우연이었다.

조찬모임에서 알고 지내던 오대표가 질문을 툭 던졌다. "정수양 대표님은 왜 재미없게 사세요?" "네? 무슨 말씀인지요?"라고 되물었더니 그 대표가 말을 이었다. "정수양 대표님은 다양한 경험을 했고 재능도 많은데. 왜 재미없는 인쇄를 하고 계세요? 그냥 막 찍어대는 게 재미있어요?" 비밀을 들킨 것처럼 얼굴이 화끈거렸다. "가업이니까요. 내가 선택한 길이고요. 가족과 직원들의 생계가 달려있어요." 내가 왜 구구절절 해명하는 기분이었는지는 나중에 깨달았다.

'의무감으로 일하는 게 행복하세요?'라는 말에 뒤통수를 맞은 것 같았다. 오래전 술에 취해서 친구와 아내에게 같은 속마음을 털어놓은 적이 있다. 월급쟁이 친구들의 "팔자 좋은 소리 하고 있네."라는 반응과 "힘들겠지만, 열심히 해."라는 아내의 반응에 그 이후로는 더 이상 그 이야기를 꺼내지 않고 가슴에 묻고 살았다.

나조차 잊고지내던 마음을 그 대표가 본 것일까? 내가 창의적인 사람이었다는 것을 오랫동안 잊고 살았다. 이후로 진지하게 나 자신과 대화를 했다. 왜 재미없는 일을 하면서 살아야 하지? 송충이가 솔잎을 먹듯이 나에게 주어진 일에 순응하고 사는 것이 옳은 것인가?

무엇이 나를 흥분시키는가

대부분의 사람은 자신이 무엇을 원하는지 모른다. 나의 목표라는 질문도 혼란만 불러일으킨다. 사랑의 반대는 무관심이고, 행복의 반대는 지루함이다. '흥분'이야말로 행복의 동의어이고, 당신이 추구하고 노력해야 하는 대상이다. 흥분은 만병통치약이다. 사람들이 당신에게 열정이나 행복을 추구하라고 권할 때, 똑같지만 직관적인 개념이 바로 '흥분'이다. 당신이 물어야 할 것은 '나는 무엇을 원하는가' 혹은 '너의 목표는 무엇인가'가 아니라 '무엇이 나를 흥분시키는가?'이다

나와 회사의 페르소나 피오디맨

나는 어렸을 때 체격이 작아 덩치 큰 친구와 싸우면 얻어맞기 일쑤였다. 그래서 영화 속의 슈퍼맨, 배트맨처럼 강한 히어로가 되고 싶었다. 그래서 나와 비슷한 점이 많은 「아이언

맨」에 더 끌렸다.

영화 「아이언맨」의 주인공 토니 스타크는 아버지에게 군수회사를 물려받았고, 나는 아버지에게 인쇄사를 물려받았다. 그는 미사일 파편으로 망가진 심장에 아크리액터를 이식하고, 아이언맨으로 탄생했다. 나는 사양산업으로 쇠락해가는 인쇄소에 차별성을 얹어 '피오디맨'이라는 캐릭터로 태어났다. 피오디맨은 'Press On Demand Man'의 약어로, '출판과 인쇄에 관해서라면 언제 어디든 날아가 해결해주는 히어로'란 다소 만화적인 캐릭터이다. 피오디맨은 다른 방식으로 싸우는 전략을 택했다.

호랑이는 죽어서 가죽을 남기는데 당신은 무엇을 남길 것인가

본격적인 출판업을 위해 상호가 필요했다. 평상시 좋아하는 단어 '사부작사부작'의 발음이 입에 맴돌았다. '사부작사부작'은 별로 힘들이지 않고 가볍게 계속 행동하는 모양을 의미한다. 우리의 힘을 뺀 출판의 콘셉트와 일치한다. 음악 용어로 '#' 기호는 (Sharp)이라고 불리며, 반올림을 나타낸다. 저자의 가치를 반올림하는 출판사라는 우리 콘셉트와 맞아떨어진다. 그렇게 '샵북(#book)'이라는 브랜드가 나왔다.

출판사업의 컨설팅을 받아보니 '기획출판'이라는 무거운 분야로 사업의 방향을 안내한다. 대박, 아니면 쪽박이라는 기획 상업 출판은 아무리 검토해봐도 후발주자인 우리에게는 부담스러운 사업이다. 보유한 자원으로 작가와 우리의 리스크를 최소화하는 출판으로 가닥을 잡았다. 소셜미디어에 우리가 하는 일을 가볍게 소개하기 시작했다. 지하철 출퇴근 시간에 꾸준히 영상 한 편, 웹툰 한 편을 만들어 올리다 보니 서서히 반응이 온다. 그 반응을 보면서 출판의 콘셉트를 다듬어가기 시작했다.

'개인과 기업의 브랜드를 높여주는 출판'이라는 '브랜딩 출판'으로 그 방향을 더 좁혔다. 평생 알고 지내는 가까운 지인들조차 당신이 어떤 사람이고, 무슨 일을 하는지, 어떤 경험과 지식이 있는지 자세히 모르는 경우가 많다. 호랑이는 죽어서 가죽을 남긴다는데, 사람과 기업이라는 역사가 왔다가 흔적도 없이 사라져버린다면 너무 아깝지 않은가. '당신을 알리는 최고의 무기, 출판으로 당신을 브랜딩 하라'라는 콘셉트로 출판비즈니스의 방향을 구체화했다.

고객에게 상품을 팔려고 하지 말고
브랜드 충성도를 갖게 하라

고유한 정체성의 브랜드는 자신이 어떤 사람이고, 무슨 일을 하며, 어떤 점에서 경쟁자보다 뛰어난지 분명하고 능숙하게 알려준다. 이렇게 만든 브랜드는 자기 일에 개성을 부여하고, 그 분야의 전문가로 자리매김하게 해준다.

동네 골목의 작은 빵집도 브랜드 없이는 살아남기 힘들다. 브랜드는 더 이상 단순한 마케팅 수단이 아니라 개인과 기업의 가치를 높이고, 전략을 수립하는 데 없어서는 안 될 핵심 영역이다.

그저 브랜드를 보여주는 것만으로는 부족하다. 지속적으로 이야기를 들려줘야 한다. 당신만의 스토리를 만들어야 한다. 단순히 당신의 철학, 사업 방향 등 무거운 주제뿐 아니라 당신의 고유한 개성을 드러낸다면, 새로운 사업으로 연결하는 기회가 생긴다.

잘못된 전략이라도 꾸준히 밀고 나가면 성공할 수 있다. 반면 뛰어난 전략이라도, 꾸준하게 지속하지 못하면 실패한다. 조금 마음에 들지 않더라도 우왕좌왕 뒤집고, 바꾼 브랜드보다는 끈기 있게 밀고 나가는 브랜드가 결국 사람들에게 기억된다. 브랜드의 성공은 바로 다음 길모퉁이에 숨어있다. 내가 그 모퉁이까지 한 발짝 더 가지 않는 한 성공이 얼마나 가까이 있는지 알 수 없다.

우리의 무기는 '2C'

2C는 관심(Caring), 코칭(Coaching)을 말한다. 타사에서는 좀처럼 고객에게 제공하지 않는 혜택이다. 관심(Caring)부터 이야기해보자. 당신은 진정으로 고객이 그들의 목표를 성취하도록 돕는 데 관심이 있는가? 아니면 단지 무언가를 파는 데 급급한가? 고객이 목표를 달성하도록 돕는 일을 당신의 주된 목적으로 두어야 한다. 그들의 성공을 당신 성공의 원천으로 만들어라.
다음은 코칭(Coaching)이다. 당신은 고객이 단계별 프로세스를 제대로 밟아가도록 코치하는가, 아니면 단지 신속하게 판매를 완료하려 하는가. 당신의 수익도 올리고 고객의 만족도도 높이는 것이 바로 코칭이다. 코칭은 당신의 뜻을 고객에게 강요하는 것이 아니라 그들에게 권한을 부여하는 것이기에 매우 가치가 높다. 이 접근방식은 컨설팅과 다르다. 모든 해답을 제시하는 대신 적절한 질문을 던진다. 예를 들면 다음과 같다. '고객의 목표가 무엇인가', '그 목표를 달성하기 위해 무엇을 해야 하는가' 당신이 모든 답을 제시할 필요는 없다. 그저 적절한 질문을 올바른 순서로 제시하면 된다. 이러한 코칭을 제공하면 고객이 성과를 쉽게 달성하도록 도울 수 있다.

이런 식으로 2C를 제공한다면 당신은 고객에게서 다른 경쟁자들보다 훨씬 높은 지위로 각인된다. 고객들은 누군가가 그러한 혜택을 제공해주길 그저 기다리고 있다. 그들은 무언가가 필요할 때마다 정보원인 당신에게 연락을 취할 것이다. 결과적으로 해당 고객이 필요로 하는 앞으로의 모든 거래는 당신을 통해 진행된다. 고객은 당신을 그들 삶에 매우 소중한 존재로 보고, 당신과 평생 지속되는 관계를 맺고 싶어 할 것이다.

단, 주의할 점이 있다. 고객에게 관심을 주는 것은 중요하지만, 고객이 당신을 무시하거나 하찮게 여기는데도 고객을 위한답시고 무조건 배려해서는 안 된다. 당신의 관심을 받고 싶어 하는 고객은 그에 걸맞게 당신을 존중하고 그 가치를 지불해야 마땅하다.

프레임

핑크 펭귄

펭귄 무리를 보라. 수백 마리가 똑같은 모습으로 모여있다. 누가 누구인지 도저히 분간이 안 간다. 실제로 펭귄은 자신의 짝조차도 찾지 못한다고 한다. 우리 회사의 모습은 마치 펭귄 같다. '우리의 품질과 서비스가 더 좋아요.', '우리는 가격도 싸요'라고 목청을 높여보지만, 정작 고객은 우리의 차별성을 구분하지 못한다.

문제는 우리가 속한 업계의 다른 펭귄들도 자신의 제품과 서비스를 똑같이 말한다는 점이다. 그러니 아무도 당신과 여타의 다른 펭귄을 구별하지 못한다. 성능 좋은 장비를 도입하면, 경쟁사에서는 더 성능 좋은 장비를 도입한다. 이번에는 가격을 낮춰봤다. 그러자 더 싼 가격으로 판매하는 경쟁사가 나타났다. 이번에는 술 먹고 골프 치며 스킨십하는 대면 영업을 강화했다. 그런데 내가 지쳐서 못 하겠다. 태어날 때부터 외향적이고, 사람 만나는 데 전혀 피로를 느끼지 않는 사람을 당해낼 수가 없다. 아무리 노력해봐도 나는 수많은 펭귄 중 하나일 뿐이다. 무엇이 문제일까. 모든 산업에는 계층 구조가 존재한다. 우리 회사가 피라미드의 어디에 위치해 있는가 확인해보니, 산업 내에서 우리의 위치는 하위의 구축자이자 노동자였다. 몸은 바쁜데 수익이 나지 않았던 이유다. 피라미드의 상위로 올라갈수록 차별성의 가치가 더 커진다. 피라미드의 하위에서는 아무리 차별화를 외쳐 봤자 수많은 펭귄 중 하나일 뿐이다. 피라미드의 상위로 올라갈수록 작은 움직임에도 차별성이 드러나고 더 큰 수익을 올릴 수 있다.

 지금 나의 위치에 만족하지 말고 상위로 올라가라. 피라미드의 위치는 나의 선택이지 운명이 아니다. 노동자가 될지, 설계자가 될지는 나의 선택이다. 경쟁자와 본질적으로 같은 일을 하면 비약적인 성장을 기대할 수 없다. 진입장벽이 낮은 탓에 업계에 더 많은 펭귄이 들어와 북적거리기 때문이다. 수요보다 공급이 많아 성장 속도에 탄력이 붙기는커녕 속도 저하나 심한 경우 낙하 상황에 빠진다.

내가 하는 일을 리프레임하라

MP3 플레이어를 '음악 틀어주는 작은 기계'가 아니라 '주머니 안의 노래 1,000곡'으로 이름 붙인다. 자동차를 운반수단이 아니라 '움직이는 사무실, 접객실'로 정의한다. 야후가 검색엔진의 완성인 줄로만 알았는데, 구글, 챗지티피(Chat GPT) 등 혁신적 검색서비스가 나온다. 미국의 전통음식 햄버거에서 맥도날드가 탄생한다. 이 모두 뺏고 빼앗기는 경쟁과 결핍의 시장의 프레임을 벗어난 리프레임의 성공사례다.

IT에 밀려 사라져가는 산업 인쇄·출판시장을 다른 창으로 바라봤다. 베스트셀러 작가와 대형 출판사의 판매 부수에 집중하는 기존의 프레임으로 보면 이 산업은 사양산업이다. 다른 창을 통해 바라봤다. 책 읽는 독자는 줄어들지만, 작가들은 폭발적으로 늘어가고 있다. 소셜미디어에 올라오는 수많은 작품이 이를 증명한다. 지금은 만인 작가, 평범한 사람들의 책 쓰기 전성시대다. 온라인에서 떠돌다 사라져버리는 자기 작품을 책으로 만들어 소유하고, 자랑하고 싶은 크리에이터의 욕구가 차고 넘친다. 책으로 자신의 내공을 세상에 보여주고 공감을 얻으면, 개인의 브랜드가 생긴다. 방송 출연 기회가 생기고 강연의 기회도 열린다. 웹툰, 영화시장으로까지 나아갈 수도 있다. 다시 말해 책을 내면 인생이 바뀔 수도 있다. 이 정도면 괜찮은 정도가 아니라 폭발적인 시장 아닌가?

낙관주의자는 어려움 속에서 기회를 보고, 비관주의자는 기회 속에서도 어려움을 본다. 리프레임을 하면 새로운 가능성이 열린다. 나와 무관하던 것들이 연결된다.

상위수준과 하위수준의 프레임

"우리가 하는 일은 무엇인가요?" 갑작스러운 나의 질문에 당황한 팩토리 직원이 대답한다. "인쇄 아닌가요?" "맞기는 한데요. 우리가 하는 일은 책으로 개인과 기업의 가치를 높이는 일입니다."라고 나는 피드백한다. 평생 오퍼레이터로 살아온 팩토리의 직원은 나의 뜬금포가 당황스러웠을 것이다. "책으로 개인과 기업의 가치를 높입니다."라는 회사의 미션을 프린트해서 벽에 붙였다. 오퍼레이터의 프레임을 벗어나 크리에이터로 리프레임 하기 위한 행동이다.

상위수준과 하위수준의 프레임을 나누는 결정적인 차이는 Why와 How다. 상위프레임은 일의 이유와 의미, 목표를 묻는다. 그러나 하위수준의 프레임은 일의 표면적인 모습, 타인의 시각에서 바라본 나의 모습을 나로 정의한다.

서울대 심리학과 최인철 교수는 세상을 바라보는 마음의 창을 '프레임'이라고 했다. 우리는 프레임이란 빌딩 속에 나 있는 창문을 통해 비치는 하늘만 바라볼 수 있다. 우리가 살아오며 배운 교육과 경험으로 생긴 관점을 통해 세상을 바라본다.

내가 보고 있고 알고 있는 세상이 전부는 아니다. 다른 프레임을 통해 다른 세계를 볼 수 있다면, 타인이 만든 가치를 따라가지 않고 스스로 나의 가치를 만들 수 있다.

리프레임하는 습관

스키마(Schema)는 두뇌가 정보를 처리할 때, 이전에 얻은 정보나 경험 등을 기반으로 현상을 이해하고 해석하는 방식이다. 스키마가 높은 사람일수록 고정관념과 편견에서 벗어나 창의적으로 문제를 해결하는 능력이 높다고 한다.

스키마를 키우기 위해서는 많이 읽고, 많이 경험하는 것이 중요하다. 특히 여행과 독서가 좋은 방법이다. 여행을 통해 직접 경험할 수 있으면 최선이지만, 여건이 안 된다면 독서로도 충분하다. 책은 글로 표현된 영감 덩어리다. 다른 사람을 만나고, 다른 장소에 가보고, 다른 시간을 살아보는 간접 경험을 제공하는 독서는 '리프레임'을 도와준다. 스노우폭스 김승호 회장은 '역사와 지리 안에 세상의 모든 지식이 있다.'고 말한다. 역사와 지리에는 다른 사람, 다른 시간, 다른 장소가 존재하기 때문이다. 지금 닫혀가는 창 앞에서 더 이상 슬퍼하지 말고, 다른 쪽 창을 열자. 자신만의 창으로 새로운 세상을 만나길 기대한다.

One of them으로 살 것인가, Only one으로 살 것인가

다름을 슬기롭게 표현하는 방법을 배워야 한다. "저는 변호사인데요.", "저는 학생입니다.", "저는 자동차 타이어를 판매

합니다." 흔히 이렇게 자신을 구별한다. 하지만 이것은 자신을 One of them으로 이야기한 문장이다.

차별화된 자신만의 특성을 가져야 한다. 나의 직업과 속해 있는 그룹을 언급하는 것만으로는 부족하다. 만약 변호사라면 "저는 이 부분에서 이 서비스를 제공하는 변호사입니다."라고 짧고 명료하게 자신을 소개해야 한다.

이것이 차별적인 정체성이다. 고만고만한 점포가 모여있는 먹자골목에서 장사하는 사람들은 수입이 고만고만하다. 남들보다 비싼 가격을 받을 수도 없다. 다른 가게와 구별되는 차별성이 없다면, 가격이 유일한 경쟁력이기 때문이다.

하지만 조금 더 높은 가격을 받더라도 차별성이 있으면 소비자들은 이의를 제기하지 않을 뿐 아니라 기꺼이 입소문도 내준다. 이렇듯 차별성은 남들과 다른 부각할 만한 점을 만들며 남들과는 비교할 수 없는 가치를 생산하고, 사람들의 주목을 받게 해준다. 10~20년 전만 하더라도 의사, 박사, 교사, 변호사 등의 타이틀을 가지고 있으면 사람들에게 존경받고 자신만의 가치를 인정받았다. 하지만 이제는 예전만큼 대단한 취급을 받지는 않는다.

지금은 특화된 콘텐츠가 있어야 빛이 나는 시대이기 때문이다. 잠시 자신을 돌아보자. 나만의 차별성이 무엇인지 살펴보라. 한마디로 표현할 수 있는 나만의 차별성이 있는지 검토해보라. 만일 불분명하다면 지금부터 자신을 드러낼 수 있는 차별점이 무엇인지 찾아보고, 그것을 다른 사람에게 알려라. 이것이 당신이 살아남는 방법이다. 차별성은 한마디로 남들로부터 인정받을 수 있는 다름이다.

One of them으로 존재한다면 그냥 먹고살 수는 있다. 그러나 피 터지게 경쟁하고, 아등바등해도 다른 사람으로 대체할 수 있는 존재에 불과하다. 대체할 수 없는 사람, 자부심 있는 사람, 특별한 가치를 가진 사람이 되길 바란다. 차별성은 부르는 것이 값인 상황을 만들며 범접할 수 없는 자신만이 아우라를 만든다.

돌파 경영으로
사양산업에서
탈출한 사례

사양 회사, 망할 뻔한 회사에서 탈출하다

태극당

넷플릭스

삼진어묵

후지필름

트렌드를 읽고 콘텐츠를 다루어야 하는 시대

사양 회사, 망할 뻔한 회사에서 탈출하다

시장성이 정체되어 점점 사라져가는 업종을 사양 업종이라고 한다. 업이 어려워지는 이유가 일시적인 불황이나 지엽적인 문제라면 그나마 다행이지만, 시장과 업의 본질적인 변화를 정확하게 파악하지 못해서 사라지게 된다면 너무 안타까운 일이다. '출판·인쇄업은 사양 사업이니 다른 분야를 찾아봐라.' 이 일을 시작할 때 주변에서 만류하며 내게 한 말이다.

개미가 천 리를 가는 가장 빠른 방법

뜨는 업종에 속해있다고 모두 돈을 잘 버는 것도 아니며, 지는 업종이라고 해서 모두가 어려운 것도 아니다. 물론 이왕이면 성장하는 분야의 사업을 하는 것이 현명하다. 나는 내가 하는 일을 그만둔다면, 잘할 수 있는 것이 무엇일까에 대해서 오래 고민했다. 내가 좋아하고 잘하는 일은 '창작과 콘텐츠'다. 인쇄·출판이 요즘 가장 뜨거운 웹툰, 웹소설, 엔터테인먼트로 이어지는 K-콘텐츠의 출발점이라고 생각하니, 내가 하는 일이 콘텐츠라는 천리마의 등에 올라타고 달려갈 수도 있겠다는 생각이 든다.

학생 때 내가 생각했던 직업은 영화감독, PD였다. 일이 재미있을 것만 같았다. 그러나 밖에서 보는 세상과 안에서 맞닥뜨리는 현실이 다르다는 것을 고등학교 방송반 활동을 하며 깨달았다. 20:1의 경쟁을 뚫고 방송반에 들어가 보니, 꿈꾸던 방송 제작과 아나운싱보다는 학교 행사에서 마이크와 스피커를 설치하고 철수하는 허드렛일이 주를 이루었다. 좋아하는 일 하나를 하기 위해서는 하기 싫은 일 아홉 가지를 해야 한다는 세상의 이치였다. 아이들이 좋아서 유치원 선생님이 된 아내 역시 아이들 교육보다는 학부모 상담과 민원 등 각종 행정업무에 시달렸다.

  그런데도 자기가 좋아하는 일을 직업으로 가진 사람은 행복한 사람이다. 우리 삶은 일을 중심으로 돌아간다. 일을 좋아하면 지치지 않고 오래 잘할 수 있다. 잘하면 인정받고, 인정받으면 돈이 따라오는 것이 직업이다. 자신이 좋아하는 일을 사업으로 연결하는 첫 번째 방법은 나 자신을 고객으로 생각하는 것이다. 자신을 고객 대하듯 사업한다면 매일 아침 휘파람을 불며 일터로 나갈 수 있다.

좋아하는 일을 사업으로 연결하는 방법

  JYP 엔터테인먼트 박진영 대표는 자신을 첫 번째 고객으로 생각하여 성공한 사람이다. 박진영은 자기가 좋아하고 잘하는 '딴따라' 일에 집착적으로 매달렸다. 춤이 좋아 유명 가수의 백댄서가 된 명문대 출신 박진영은 우락부락한 마스크에도 불구하고 자신만의 독특한 콘셉트로 '섹시한 오빠'가 되었다. 보수적이었던 90년대에 파격적인 패션과 퍼포먼스로

'섹시한 남자' 코드를 만들었다.

인기와 돈이 목표였던 20대를 지나 '존경받는 사람이 되자.'라는 철학을 기반으로 JYP 엔터테인먼트를 설립했다. 또한 연예계에서는 보기 힘든 진실, 성실. 겸손이라는 핵심 가치를 바탕으로 회사를 운영하며 자신이 좋아하고 잘하는 음악과 춤의 색깔을 발전시켜나간다. 젊은 아티스트를 전면에 내세우고 뒤로 물러나 경영만 하는 다른 대표와 달리 박진영은 50대인 지금도 무대에 직접 올라 춤추고 노래하는 영원한 현역이다.

그는 본인이 좋아하는 무대 위 '딴따라'가 되기 위해 엄청난 자기관리를 견뎌낸다. 강박에 가까운 식단 관리와 루틴 관리로 20대 같은 컨디션을 유지한다. 음악이든, 퍼포먼스든 최초의 유효기간이 다하면, 또 다른 최초를 가지고 나온다. 한 번의 최초로 승부를 보려고 했던 수많은 경쟁자가 조용히 무대 밖으로 사라지는 동안 자신이 좋아하고 잘하는 것을 집요하게 유지하고 발전시켜나간 박진영만 남았다. 운은 자신을 아끼고, 일을 즐기는 사람의 편이다.

재도약에 성공한 기업에서 배우는 교훈

기업의 규모를 불문하고 많은 기업이 예상치 못한 경영환경의 변화로 고비를 맞곤 한다. 하지만 잘 극복하는 기업들은 재도약을 통해 지속 가능한 성장을 구가하는 반면, 그렇지 못한 경우에는 성장이 정체되거나 존폐의 위협을 받는다.

일본이 고도 성장하던 시기에 최고의 자동차 업체로 부상했던 닛산(Nissan)은 '기술의 닛산'이라고 불리는 이미지에만 집착한 나머지 고객의 니즈 변화에 대해 소홀히 했다. 급기야는 자력 회생 불능이라는 오명을 안고 르노(Renault)에 경영 위탁되는 쓰라린 경험을 겪어야만 했다. 이처럼 잘 나갈 때 불확실한 미래에 대한 대응책의 여부는 재도약하는 기업의 명암을 가르는 기준이 된다.

스타벅스(Starbucks)는 제품의 개념을 커피 그 자체에서 벗어나 '경험과 라이프 스타일'로 변화시킴으로써 그 이전에는 없었던 새로운 경쟁의 틀을 창조해 냈다. 이동 수단으로써 모터사이클이 아닌 여유롭고 개성이 넘치는 사는 방식으로써의 정체성을 강조한 할리 데이비드슨(Harley-Davidson)의 마케팅 전략도 유사한 예이다. 닌텐도는 화투를 만들다 콘솔 게임 분야의 리더로 성장했다.

 이처럼 경영의 고비 고비마다 새로운 게임의 룰을 창조해 내는 혁신 역량은 완전히 새로운 것보다는 조금씩의 변형이나 발상의 전환인 경우가 많다. 이미 존재하는 제품, 서비스의 전달 방식의 변화를 통해 새로운 수익을 창출하여 재도약에 성공한 예가 그것이다. 제품과 서비스의 인식을 전환시키는 데 성공함으로써 비즈니스의 판을 바꾸고 재도약의 전기를 마련한 사례다.

 기업이 경영난에 봉착하게 될 경우, 무언가 새로운 것에만 집착하는 경향이 있다. 그보다는 기존에 보유하고 있는 경쟁력을 새로운 관점에서 재해석하고 혁신을 통해 고도화시킴으로써 재도약하는 기회로 삼을 필요가 있다. 지금부터 기존의 것을 새로운 방식으로 전달함으로써 재도약에 성공한 사례를 소개한다.

태극당

태극당은 광복 이후 일본인이 두고 간 제빵 기구를 받아 '태극당'이라는 이름으로 명동에서 개업한 빵집이다. 창업주 신창근 대표는 우리 민족의 이상을 담고자 이름을 태극당이라 지었다고 한다. 1973년 태극당은 명동에서 현재의 장충동으로 가게를 이전하였다. 1999년에는 아들이 가게를 이었고, 2011년부터는 창업자의 손주들이 경영을 이어가고 있다. 이들은 변화보다 보전을 택했고, 태극당의 새로운 미래를 만들어가고 있다.

납세는 국력, 영수증을 꼭 받아가세요

태극당의 창업주는 '배부르고 맛있게 먹을 수 있는 빵을 넉넉하게 만드는 것'을 애국이라고 여겼다. 그래서 어렵게 찾은 나라를 오래오래 지키자는 의미에서 로고를 무궁화로 하고, 직원의 유니폼에는 작은 태극기를 달게 했다. 이 정체성은 현재까지 계속되고 있다.

한때 뉴욕제과, 독일제과, 구라파제과 등과 같은 상호들이 유행했지만, 창업주는 상호 변경은 말도 꺼내지 못하게 했다고 한다. 태극당 직원들은 창업주를 '꽐꽐하고 대쪽 같은 영감님'으로 기억한다. "제 몸이 깨끗하지 않은데 어떻게 시민들이 먹을 빵을 만드느냐."고 하며 아침저녁으로 직원들을 목욕탕으로 보냈다고 한다. 이때 목욕탕과는 계약을 맺어 직원들이 목욕탕 입구에서 태극당이라고만 말하면 들어갈 수 있었다.

태극당은 개업 당시에는 양갱이나 단팥빵이 주메뉴였는데, 1947년부터 모나카 아이스크림이 인기를 끌며 알려지지 시작했다. 태극당 중앙 기둥에는 '납세는 국력, 영수증을 꼭 받아 가세요.'라고 적힌 액자가 걸려 있다. 1969년 태극당이 납세한 세액은 전국 제과점 중 1위다. 납세의 소중함을 인식하고, 손님들에게도 영수증을 챙겨가길 권한다. 사장이 영수증을 챙겨가라고 일일이 권해 오히려 손님들이 어색해할 정도였다고 한다.

사그라든 태극당의 인기

당시 태극당은 365일 하루도 쉬지 못했다. 특히 크리스마스 때는 케이크가 8,000개가 나갔는데 수량을 맞추느라 직원들은 새벽 3시까지 일했다. 또 입시 철에는 수험생 찹쌀떡을 사려고 전날부터 사람들이 태극당 앞에서 줄을 섰다고 한다. 그러나 이러한 인기도 잠시, 태극당은 1980년대 들어서면서 햄버거 등과 같은 패스트푸드에 밀리기 시작했고, 1990년대부터는 대형 프랜차이즈 때문에 급속히 위축되었다. 한때는 서울 전역에 7개 지점을 두기도 하였으나 이때는 장충동 본점만을 남겨두었다. 한창 때 태극당의 제빵사만 86명, 직원이 200여 명이나 되었지만, 이후에는 30여 명으로 줄어들었다.

뉴트로(New-tro)로 리뉴얼하다

그러던 태극당은 2011년부터 3세 경영을 이어가면서 변신을 꾀하고 있다. 태극당은 3대를 이어오면서 태극당만의 존재 이유를 고민했다 오래된 빵이 사랑받는 이유와 태극당이라는 이름이 가진 의미를 고민해 마케팅에 담았다. 서체를 새로이 개발하고, 패키지 디자인을 바꾸고, 브랜드 캐릭터를 만드는 등 브랜드 리뉴얼을 시도했다. 이와 더불어 장충동에 있는 본점 건물을 리모델링 했다. 구축을 허물고 새로 짓는 것이 빠를 수 있었지만, 이들은 유산을 보전했다. 세월의 감성과 빵의 맛이라는 본질을 유지하는 방식을 택한 것이다. 이처럼 태극당은 위기 극복과 지속 가능성이라는 두 가지를 이루기 위해 레트로(Retro)와 뉴트로(New-tro) 사이에서 새롭게 시작했다. 이런 스토리를 앞세우고 브랜드 리뉴얼을 같이 진행한 결과 젊은이들이 태극당에 반응을 보이기 시작했다. 단팥빵과 모나카 아이스크림은 달콤함을 지닌 먹을거리로, 옛날 분위기가 살아 있는 장충동 태극당 매장은 '요즘 것들'에서는 볼 수 없는 '힙'한 장소로 재탄생했다.

3세 경영이 가져온 성과

3세 경영자는 어려울 적부터 힙합과 패션에 관심이 많았고, 공부에는 관심이 없었다고 한다. 그러다 20대 후반에 태극당의 카운터를 보기 시작했는데, 매출이 0원인 날도 있었다. 당시 태극당은 과거의 영광을 뒤로하고 사라질 위기에 처했다. 게다가 아버지와 할아버지가 한 달 사이에 연달아 별세하면서 손자가 갑작스럽게 가게 운영을 맡게 되었다.

가게 문을 닫지 않으려면 어떻게 해야 할지 삼 남매가 머리를 맞대고 고민했다. 고객의 대부분이 60세 이상으로 고령화된 점이 문제였다. 젊은이들도 찾는 빵집이 돼야 한다는 결론이 나왔다. 과거의 전통을 살리면서도 새로운 변화를 만들어갔다. 보통 프랜차이즈 제과점과 달리 태극당은 할아버지 때부터 40년 이상 일한 제빵사들이 빵을 만든다. 사람들이 태극당을 찾아오는 이유는 70년이 넘은 빵집에서 추억을 맛보기 위함이다. 한편 커피 맛은 젊은 층이 원하는 최상의 수준으로 높이기 위하여 대표가 직접 바리스타 교육을 받았다. 또한 리브랜딩을 하면서 무궁화 패턴을 활용하고, '태극당 1946체'라는 한글 폰트도 만들었다.

동시에 다양한 브랜드와 협업하면서 젊은 고객에게 다가갔다. 스트리트패션 브랜드 브라운브레스와 협업해 패션제품을 공동 제작하고, 젊은 층에 레트로 감성으로 주목받던 을지로 독립서점에 입점했다.

태극당의 3세 경영자 신경철 대표는 "잘 만들어놓은 플랫폼 안에서 유연하게 대처하는 브랜드가 됐으면 해요. 본질은 분명히 유지하면서요. 200년 뒤에도 태극당의 색깔은 같아야 한다고 생각합니다. '菓子 中의 菓子(과자 중의 과자)'라는 모토처럼 태극당을 다시 활기차게 만드는 게 과제입니다. 할아버지가 지금의 나라면 어떻게 했을지 늘 생각해 봅니다."라고 말한다.

넷플릭스

넷플릭스의 사업은 비디오 대여로 시작되었고, 기술적 변화에 따라 현재는 인터넷을 통한 구독방식으로 서비스를 전환했다. 지금 미디어, 엔터테인먼트 서비스 분야의 왕좌를 차지하고 있는 넷플릭스지만, 과거에 이 영역은 21세기폭스, 타임워너, 소니컬럼비아, 디즈니 등 메이저 영화사가 쥐고 흔들던 분야다.

특이한 것은 넷플릭스 위기의 순간마다 거대 경쟁자인 블록버스터가 넷플릭스를 자비롭게 살려주다시피 했다는 사실이다. 참고로 블록버스터는 한때 9,000개의 매장을 보유했던 미국 최대의 체인 비디오 대여점이다. 하지만 블록버스터는 우편 배송 모델을 가지고 온 당시의 꼬마 기업 넷플릭스에게 밀리고 여러 번 헛발질한 끝에 2013년 역사의 뒤안길로 사라졌다. 블록버스터가 넷플릭스를 도와주려고 마음을 먹지 않은 이상 어쩜 그리도 악수를 두었는지 의아할 정도인 순간들을 블록버스터의 관점에서 살펴보자.

장면1. DVD 시장을 무시하다

지금은 사양길에 접어든 지 오래된 DVD지만, 90년대 후반만 해도 DVD는 블루오션 성장산업이었다. 비디오테이프(VHS)와는 비교할 수 없는 화질과 휴대성으로 보급률이 늘어나고 있었다. 넷플릭스는 이런 추세에 발맞춰 1,500개 이상의 콘텐츠를 확보하고, 상당한 매출을 올리며 훌륭한 초기 성장을 구가했다.

그동안 VHS 대여사업 성공의 과실에 취해 있던 시장의 거인 블록버스터는 아예 DVD를 매장에 깔 생각을 하지 않았다. 심지어 메이저 영화 제작유통사인 워너브라더스가 자기네 DVD 콘텐츠를 블록버스터에만 독점으로 공급하겠다는 제안도 딱 잘라 거절했다. 그 이후의 DVD가 VHS 시장을 빠르게 대체한 덕분에 넷플릭스는 겨우 발판을 마련할 수 있었다.

장면2. 넷플릭스의 인수 제안을 거절하다

자금난에 시달리던 넷플릭스는 블록버스터에게 넷플릭스를 인수해달라고 여러 차례 구애했다. 넷플릭스를 인수해 온라인사업부로 만들라는 제안이었다. 하지만 블록버스터는 검증도 안 된 인터넷 사업 따위에 그 돈을 쓸 수 없다며 거절했다. 나중에 블록버스터는 이 판단의 실수를 만회하기 위해 10배가 넘는 돈을 쏟아부었지만 결국 실패했고, 넷플릭스는 2,800배 성장했다.

장면3. 스트리밍 서비스를 포기하다

넷플릭스에게 DVD 우편 대여 시장을 내주자 블록버스터는 한 단계 건너뛰어 스트리밍 서비스 사업에 직접 뛰어들었다. 넷플릭스보다 거의 10년 앞선 전략이었다. 하지만 당시의 인터넷망이 불안하다는 이유로 스트리밍 서비스 계획을 철회한다. 나중에 스트리밍 서비스로 대성공한 넷플릭스의 입장에서는 안도의 한숨이 나오는 순간이다.

왜 블록버스터는 매번 기회를 놓쳤나

블록버스터 CEO는 집에서 버튼 하나로 영화를 검색하고 즉시 시청하는 서비스보다 매장까지 찾아와 영화를 다운로드 받아 집으로 돌아가 시청하는 서비스가 우월하다고 믿었다. 이런 신념에 따라 블록버스터 CEO는 다운로드용 키오스크에 집중적으로 투자했고, 집에서 인터넷으로 영화를 즐기게 한 넷플릭스와의 간극은 더욱더 벌어지게 되었다. 블록버스터는 악화된 수익성을 만회하기 위하여 매장 대여료 인상, 연체료 부활 등 악수를 거듭하다 결국 부도 상태로 내몰리게 된다.

물론 결과론적으로 역사는 승자의 이야기다. 하지만 분명히 블록버스터가 넷플릭스를 이기고 강자로 남을 기회는 많았다. 그런데 이들은 왜 매번, 이런 기회를 놓쳤을까? 이런 일들은 현재에도 일어나고 있다. 관성, 복지부동, 근시안적 사고, 변하지 않으려는 습성이 눈앞의 기회를 못 보게 만든다. 그래서 새로운 사업 기회는 새로운 기업이 차지한다.

삼진어묵

3세가 마주친 어묵 산업의 현실

66년째, 3대에 걸쳐 어묵 외길을 걷고 있는 삼진어묵은 현존하는 어묵 제조회사 가운데 가장 오래된 기업이다. 1953년 창업주는 부산에 몰려든 피난민들에게 저렴한 단백질을 제공하기 위해 사업을 시작했다.

삼진어묵 3세 박용진 대표는 원래 가업 승계를 원치 않았다. 1년 365일 쉴 틈 없이 일하는 아버지와 어머니를 보며 어묵 공장 대신 미국에서 회계사의 길을 걷고자 했다. 그러나 그렇게 미국에서 공부하던 3세는 유학 생활 00년 만에, 건강의 위협을 느낀 부친의 권유로 한국에 돌아왔다.

한국에 돌아온 그는 어묵 산업이 처한 현실을 마주했다. 시장도, 회사도 도태되고 있었다. 회사의 가동률은 바닥이었고, 부채가 증가해 위기에 처해 있었다. 어묵 사업은 사양산업이었다. 대형 유통채널은 대기업이 꽉 잡고 있고, 도매상과 전통 재래시장에 납품하는 시장도 이미 레드오션이었다. 어묵 업체들이 할 수 있는 전략은 오직 싸게 파는 것, 가격 경쟁의 치킨게임뿐이었다.

근본적인 체질 개선에 나서다

미국에서 회계사 시험을 통과한 박용진 대표였지만, 할아버지와 아버지가 평생 일군 회사가 자신을 필요로 하고 있었다. 입사 후 첫 6개월간 그가 한 일이라고는 어묵을 포장하고 나르는 일이었다. 직원들은 나가서 영업이라도 뛰라고 닦달했다. 오전 11시면 공장 운영을 마칠 정도로 일감이 없었다. 별다른 경쟁력이 없었기에 회사가 내세울 수 있는 것은 오직 싼 가격뿐이었다. 그나마 가격을 내리면 1주일 만에 더 싸게 파는 업체들이 나타났다. 모두 제 살 깎아 먹는 줄도 모르고 치킨게임에 뛰어들고 있었다. 이대로는 승산이 없었다.

박 대표는 근본적인 체질 개선에 나섰다. 도매상, 대리점과 B2B로 해오던 거래를 B2C로 전환했다. 먼저 온라인에 도전했다. 모든 온라인 오픈마켓에 메일을 보냈고, 한 소셜커머스 업체에서 연락이 왔다. 박 대표는 40% 할인할 테니 홈페이지 메인에 삼진어묵을 걸어달라고 요청했다. 소셜커머스에서 1만 원짜리 어묵을 6,000원에 팔자 B2B만 상대하던 내부 직원들이 반발했다. 그러잖아도 바닥인 가격을 더 떨어뜨리면 회사 망한다고 했다. 하지만 박 대표는 직원들에게 B2C로의 사업구조 전환을 설득하고 나섰다. 소셜커머스에 올린 지 하루 만에 2억 원어치가 팔렸다. 2011년 당시 삼진어묵의 연 매출이 20억 원이었던 것을 감안하면 놀라운 성과가 아닐 수 없었다. 이렇게 박 대표는 대대적인 온라인 프로모션을 통해 삼진어묵을 시장에 각인시켰고, 이 전략이 통하면서 삼진어묵은 온라인에서 조금씩 자리를 잡기 시작했다. 그 결과 2012년 매출은 두 배로 올라 40억 원을 기록했다.

실패를 인정하고 재도전하기까지

어묵 디저트의 첫 시작이었던 어묵 고로케는 박 대표의 모친이자 30년 이상 어묵을 만들어온 이금복 장인의 손에 의해 탄생했다. 직원 식당에 나온 돈가스를 보고 어묵에도 빵가루를 입혀 튀기면 어떨까 하는 생각으로 메뉴를 개발했다. B2B 이미지를 탈피하기 위해 부산어묵이라는 이름을 삼진어묵으로 바꾸고, 유통판로를 넓히기 시작했다. 예상과 달리 첫 오프라인 시도는 대실패였다. 전통 시장 위주로 입점했기 때문이다. 모두 적자로 이어졌다. 시장과 소비자의 특성을 고려하지 않은 결과였다.

박 대표는 실패를 인정하고 직영점을 모두 정리했다. 하지만 B2C로의 전환은 포기하지 않았다. 소비자들이 기존 어묵이 아닌 새로운 제품을 경험하는 공간을 선보이려 했다. 이때 벤치마킹한 시장은 커피 시장이었다. 빠르게 대중문화로 자리 잡은 커피 시장을 보며 소비자의 마음을 읽어야 한다고 생각했다.

어묵 베이커리의 탄생

박 대표는 기존 프랜차이즈 베이커리를 어묵 시장에 차용한 '어묵 베이커리'를 열었다. 새로운 콘셉트의 매장은 대박을 터뜨렸다. 사람들은 새로운 매장에 줄을 서기 시작했다. 소비자는 어묵 베이커리에서 갓 튀겨 따뜻한 상태로 어묵크로켓, 단호박어묵, 치즈말이어묵, 베이컨말이어묵 등 60여 종의 다양한 어묵을 골라 먹을 수 있었다. 카페처럼 인테리어를 세련되게 꾸몄고, 매장 한쪽에 통유리로 된 오픈 주방을 만들었다. 어묵이 비위생적이라는 편견을 깨고, 어묵 성형 과정과 조리 과정을 소비자들에게 공개했다.

어묵의 패러다임 전환

삼진어묵은 생산방식도 바꿨다. 어묵을 고급화하기 위해 다품종 소량 생산으로 전략을 바꾸고, 공장생산이 아니라 현장에서 수제 생산·조리하는 것을 원칙으로 했다. 이렇게 새로운 시도로 어묵의 가능성을 확인하고, 새로운 돌파구를 마련했다.

삼진어묵의 사업 전략은 어묵의 패러다임을 바꿨다는 평가를 받는다. 삼진어묵은 어묵에 대한 고정관념을 깨고, 세상에 없던 새로운 시장을 열었다. 길거리음식으로 치부하던 어묵을 백화점에 입점시켰고, 세계 각지에 수출한다. 그 결과 삼진어묵은 6년 만에 정직원 45명에서 550명, 매출은 82억 원에서 920억 원으로 10배 이상 늘었다.

  삼진어묵은 음식을 단순히 먹는 것을 넘어 체험의 기회로 활용하고 있다. 가장 오래된 부산어묵 제조사로 어묵의 본고장인 부산에서 체험하는 어묵은 관광객에게는 색다른 경험을 준다. 부산영도 본점 2층에 마련한 체험역사관은 관광 콘텐츠와 연계돼 부산 관광객의 필수코스로 꼽히면서 부산의 명물로 재조명받고 있다.

장인이 만드는 새로운 식문화

  삼진어묵은 여름 휴양지인 부산을 찾는 고객에게 어묵 베이커리를 중심으로 트래블 라운지를 운영한다. 2017년에는 싱가포르점을 성공적으로 오픈하며 해외 진출의 첫걸음을 내디뎠다. 국내 수산업계 최초로 브랜드 매장, 콘셉트, 메뉴, 시스템, 노하우 등 브랜드 로열티까지 수출하며 업계의 이목을 끌었다.

박 대표는 어묵의 문화를 만들겠다는 경영철학을 토대로 전 세계에 어묵이 새로운 식문화로 자리잡을 때까지 노력하겠다고 말한다.

일광전구

잡초 같은 한국 중소기업

한국 중소기업의 악재는 최저임금 인상, 근로 시간 단축뿐만이 아니다. 사업 자체가 사양산업이라 어려울 수도 있고, 레드오션에서 살아남아야 하는 회사도 있다. 또한 저출산은 수많은 기업을 한계상황으로 내몰고 있다. 하지만 중소기업은 잡초와 같다고 했다. 공터만 있으면 정착하고, 비가 오면 무성해진다. 잡초 같은 생명력으로 사양산업, 레드오션, 저출산의 굴레를 벗어나려는 일광전구의 스토리를 소개한다.

사양산업의 늪에서 빠져나오게 한 디자인·SNS 마케팅의 힘

서울 이태원에 있는 패션 브랜드 구호의 플래그십 스토어. 주광색 조명이 실내를 밝히고 있다. 패션 스토어라기보다는 조명 가게에 가까운 느낌이다. 구호가 국내 마지막 남은 백열전구 제조업체 일광전구와 협업한 결과다. 구호는 일광전구의 로고를 활용한 제품을 출시하고, 매장에서 일광전구의 스토리를 담은 전시회를 열고 있다.

대구에 있는 일광전구는 1962년부터 백열전구를 생산했다. 2000년대 LED(발광다이오드) 조명이 확산 되자 위기를 맞았다. '번개표' 브랜드로 유명한 금호전기, 남영전구 등 경쟁사는 백열전구 사업을 접었다. 하지만 일광전구는 살아남았다. 백열전구에 디자인과 문화를 입히는 전략이 통했다.

백열전구는 비효율적인 조명이다. 전력 사용량 중 5%만 빛을 내는 데 사용한다. 95%는 열에너지로 발산하기 때문이다. 70~80년대에 잘 나가던 전구 업체들은 2014년 정부의 가정용 생산 및 수입 금지 조치에 따라 대부분 LED로 돌아섰다.

일광전구도 마찬가지 처지였지만 다른 길을 갔다. 1998년 가업을 이어받은 김홍도 대표는 경쟁사가 백열전구 사업을 포기할 때 돌파구를 모색했다. 디자인을 입히면 새로운 길을 열 수 있다는 것이 그의 생각이었다. 분기점이 된 것은 2013년이다. 외부 디자이너로 협업하던 디자인팀장을 영입해 브랜드 총괄을 맡겼다. 새 디자인팀장은 삼파장·크립톤 등 생산자 중심의 기술적 용어부터 바꿨다. 소비자가 용도에 따라 전구를 고를 수 있도록 클래식·장식용·파티용 등으로 분류했다. 그리고 클래식 전구는 C, 장식용 전구는 D, 파티 조명은 P 등으로 알기 쉽게 표기했다.

소비자 취향에 맞춰 상품 종류는 늘리고 생산량은 줄였다. 필라멘트를 여러 번 꼬거나 전구를 다이아몬드 모양으로 깎는 등 파격적인 디자인의 제품도 선보였다. 유물로 취급받던 백열전구를 빈티지 제품으로 탈바꿈시켜냈다.

이 전략에 젊은이들이 반응했다. 젊은 층 사이에서 유니크한 전구가 갖고 싶으면 일광전구를 찾으라는 입소문이 났다. 일광전구 관계자는 "과거 100종의 전구를 하루 6만 개 생산하던 때도 있었지만, 지금은 300종 이상의 전구를 1만 5,000개 제작한다. 디자인을 입혀 부가가치를 높이자 수익성도 개선됐다."라고 설명한다. 2000년대 초부터 생산설비를 자동화한 것도 수익성 향상에 도움이 됐다.

청년과의 적극적인 소통

일광전구는 백열전구를 경험해보지 못한 10~20대와의 소통에도 적극적으로 나섰다. 본사 내부에 전담 마케팅팀을 신설해 소셜네트워크서비스(SNS) 등을 관리하기 시작했다. 유튜브, 인스타그램의 '언박싱 영상(포장을 풀면서 제품을 소개하는 영상)'도 찾아볼 수 있다.

일광전구가 젊은 층 사이에서 인기를 끌자 외부에서 협업 요청이 들어오기 시작했다. 삼성물산 패션 부문의 여성복 브랜드 구호는 일광전구와 협업한 상품을 출시했다. 이태원에 있는 구호 플래그십 스토어에서의 일광전구 전시회도 이런 차원에서 기획했다. 이곳에는 컨베이어벨트 등 전구 생산에 실제로 사용한 설비도 선보였다.

일광전구는 국내 최대 규모 음악 축제인 그랜드민트 페스티벌에 조명을 설치하기도 했다. 야외무대의 관객석 주변을

장식용 전구로 꾸몄다. 백열전구 특유의 몽환적인 분위기와 감상적인 인디 음악이 어우러져 좋은 평가를 받았다. 또 아우디와 협업해 신차 공개 행사에서도 일광전구를 선보였다.

 젊은 층 사이에서 인기가 높은 '낡은 공간 개조 프로젝트'에도 참여했다. 부산 백제병원, 서울 마포구 합정동의 카페 앤트러사이트 등 오래된 건물과 버려진 공장 터를 개조해 마련한 공간은 일광전구의 아날로그 감성과 잘 어울렸다. 상업적 공간이라는 느낌이 옅어지자 관광객의 발길이 이어졌다.

 지난해 말 인천 중구에 있는 버려진 산부인과 건물을 새롭게 꾸미며 조명 전시를 겸하는 '라이트하우스'라는 이름의 카페도 개장했다. 매장 곳곳을 독특한 디자인의 백열전구로 채우고, 병원 문짝을 재활용해 테이블을 제작했다. 김홍도 대표는 "양산 제품은 더 이상 경쟁력이 없는 시대입니다. 디자인과 창의적인 생각으로 100년 기업으로 키우겠습니다."라고 말했다.

후지필름
Fujifilm

영화제작비를 좌우하는 요소가 코닥, 후지의 비싼 필름 가격 때문이었던 시절이 있었다. 타사 제품이 대체할 수 없는 독점적 지위를 가지고 있던 두 회사가 시장에서 사라질 위기에 처한다. 아날로그 필름이 불필요한 디지털카메라의 등장으로 코닥, 후지 등 거대 필름 제작 회사는 위기에 빠졌다.

환경변화에 적절하게 대응하지 못한 코닥은 시장에서 사라졌다. 반면 후지는 주력 제품 시장이 거의 사라졌음에도 여전히 건재하다. 어떻게 가능한 것일까. 후지는 2000년을 정점으로 필름 시장이 하락세에 접어들자 새로운 성장 동력을 찾았다. 과거의 영광에 안주하지 않고 기존의 기술을 바탕으로 새로운 성장 동력을 찾았다. 파괴와 창조는 말은 쉽지만, 실행은 결코 쉽지 않다. 기업수명 30년설이 설득력을 얻는 배경이기도 하다.

경영자의 현실 인식

　코닥과 후지의 필름 판매가 조금씩 감소했지만, 코닥에서는 중국이나 인도 등 신흥국의 필름 수요가 꾸준히 늘고 있고 여전히 높은 매출을 유지하고 있었기 때문에 위기의식이나 절박함이 없었다. '어떻게든 되겠지'하는 분위기가 지배적이었다. 시장 지배기업들이 흔히 겪는 자만이다.
　하지만 후지의 경영자는 달랐다. 곧 디지털의 파고가 필름 산업을 집어삼킬 것임을 직감했다. 카메라 출하 대수, 출생자수, 결혼자 수, 가족 구성의 변화, 여행자 숫자 등 보고받은 데이터를 면밀하게 검토했으며 실무진은 현실을 회피하지 않고 경영진이 싫어할 만한 분석을 그대로 보고했다. 경영진이 판단을 그르치지 않도록 상사에게 직언하는 실무자의 자세가 난국을 타개하는 중요한 요소 중 하나가 되었다.

생존과 성장을 동시에 추진한 경영자

개혁에 뾰족한 비책은 없었다. 정석대로 파괴와 창조를 실천했다. 파괴를 위해 주력사업인 필름 사업의 구조를 개혁했다. 전 세계의 필름 제조 설비, 현상소 망, 유통망 등 사진 관련 사업의 설비를 줄이고 고정비를 삭감하는 작업부터 시작했다.

창조를 위해서는 필름을 대신할 성장 동력을 찾았다. 기존 기술을 토대로 화장품 사업에 진출했다. 필름의 주원료인 콜라겐 기술과 사진의 색이 변하는 것을 방지하는 항산화 기술, 나노기술을 활용한 안티에이징 화장품 개발은 시장에 큰 바람을 일으켰다.

경영자는 항상 기술과 제품에 대해 고민해야 한다. 위기 상황에서 경영자가 정확한 판단을 내릴 수 있는지가 관건이다. 의문이 생기면 지체 없이 담당자에게 전화해서 상황을 파악한 후 지 CEO의 커뮤니케이션 방식이 효과를 발휘했다. 사업

구조 전환의 4가지 키워드를 정리하자면 기존 생산기술 활용, 발 빠른 디지털화, 아날로그 기술 연장, 종이 비즈니스를 탈피한 솔루션 서비스 비즈니스로 사업 확대를 꼽을 수 있다.

경영자는 필요할때 독재자가 되어야 한다

경영자는 학자나 평론가가 아니다. 경영자는 우수한 독재자여야 한다. 리더는 과감하게 결단하고, 책임져야 한다. 의사결정을 무작정 미루기보다는 어느 쪽을 선택해도 성공 확률은 차이가 없다고 생각하고 한 방향으로 전진해야 한다. 대신 결정하면 철두철미하고 빠르게 진행해야 한다.

결국 후지는 나락으로 떨어지기 직전에 본업은 소멸했지만, 회사는 살아남았다. 이 사례는 적지 않은 시사점을 던져준다고 생각한다.

트렌드를 읽고
콘텐츠를 다루어야 하는 시대

    소개한 사례들은 기존의 콘텐츠를 핵심 자산으로 활용하고 창의성과 파트너십으로 턴어라운드 경영에 성공한 기업들이다. 트렌드를 읽고 콘텐츠를 다루는 능력은 턴어라운드 경영의 핵심 능력이다. '레트로'가 중장년층을 대상으로 한 지난날의 향수라면, '뉴트로'는 과거를 모르는 젊은 세대가 옛것에서 찾은 신선함이다. 과거를 파는 것이 아니라 과거를 빌려 현재를 파는 것. 본질은 유지하되 재해석이 필요하다.

    사업도 이와 마찬가지다. 기존의 업에 새 아이디어를 얹으면 새로운 시장이 열린다. 레거시 기업이 빠르게 변해가는 현재와 미래에 살아남으려면 무엇을 해야 하는가. 업의 쇠

퇴에 따른 위기를 극복하고 성공한 기업에는 공통점이 있다. 경영자들이 기존에 쌓아온 콘텐츠를 핵심 자산으로 활용하고 크리에이티브를 중요시하는 것, 창의적인 파트너십으로 경영해 호응을 얻는 것이 바로 그것이다.

 무엇을 추억해 살리고 어떻게 변화시켜서 새로운 시대에 다가갈 것인가. 이들이 새로운 시대에 대한 도전과 이에 응전하는 과정에서 어떤 태도와 행동력으로 위기를 돌파했는지를 살펴보면, 앞으로 닥칠 새로운 산업 지형도를 파악해 위기를 헤쳐 나가는 회사, 그래서 사양산업에서도 얼마든지 성공하는 회사로 살아남을 수 있게 될 것이다.

Epilogue
하고 싶다는 건 할 수 있다는 것이다

원고를 겨우 마감했다. 가벼운 마음으로 시작했다가 제대로 책 쓰기의 고통을 맛보았다. 능력에 비해 욕심이 컸던 탓이다. 원고 작업을 하며 몇 달 운동을 게을리했더니 몸의 근육도 빠지고 등도 조금 굽었다. 무라카미 하루키가 철저한 생활습관을 고집하는 이유를 조금은 이해할 수 있을 듯하다.

여기저기 선포한 출판 일정과 "책 언제 나와요?" 하는 예의적인 주변 반응이 어쨌든 마감하는 원동력이 됐다. 출간을 계획하고 책을 쓰는 사람들의 7~80%가 중도 포기를 한다고 한다. 나 또한 중도 포기할 만할 이유는 차고 넘쳤다. 여기저기서 발생하는 작은 회사의 돌발상황은 온전히 책 쓰기에 집중하기 어렵게 했다. 특별한 것도 없는 내 이야기를 책으로 내도 되는 건가 하는 의심이 수없이 들었다. 왜 사서 고생이

냐는 주변의 반응도 있었고, 더 연륜을 쌓은 후에 써볼까 하는 생각도 들었다. 그러나 책 쓰기는 나 자신과의 약속이고, 세상과의 약속이다. 이 약속을 지켜내야만 내 삶과 내 일을 지킬 수 있다는 절박함으로 끝을 향해 걸어갔다.

 덕분에 매일 글을 쓰는 습관을 들이게 됐다. 이 얼마나 큰 축복인가. 또 책을 쓰는 동안 책을 더 많이, 더 깊이 읽을 수 있었다. 흩어져있던 생각을 정리하는 시간이기도 했다. 난 이미 이 책을 쓰며 받을 것은 다 받았다. 집 앞 도서관에서 매일 한두 시간씩 책을 썼다. 이제는 습관이 돼서 하루라도 글을 쓰지 않으면 종일 허전하고 찝찝하다.

 나의 책 쓰기 멘토인 조영석 소장님, 이연선 코치님, 디자인 조이 김헌상 대표님, 탁월한 모티베이터인 가인지컨설팅 그룹의 김경민 대표님, BNI KOREA 존윤 대표님께 늘 감사한 마음이다.

 어떤 선택을 하더라도 거기에는 큰 용기가 필요하다. 나의 이야기를 듣고 여러분은 무엇에 대한 용기를 얻으셨는지 여쭤보고 싶다. 어떤 어려움이 있더라도 하고 싶다는 처음의 그 마음을 꽉 움켜쥐고, 결국 위기를 벗어나시기를, 그리고 반드시 상황을 역전 시키시기를 바라며 글을 마친다.

참고문헌

책

1 김승호 <생각의 비밀>,황금사자, 2015

2 김미경 <리부트>, 웅진지식하우스, 2020

3 김경민,김수진,신주은 <OKR파워>,가인지북스, 2020

4 브래드 스털버그,스티브 매그니스 <피크퍼포먼스>,부키,2021

5 박경민 <돈버는 절대회계>,경이로움, 2022

6 데이비드 색스 <아날로그의 반격>,어크로스, 2017

7 빌 비숍 <핑크팽귄>,스노우폭스북스, 2021

8 팀 페리스 <나는 4시간만 일한다>, 다른상상, 2017

9 박용후 <관점을 디자인하라>,쌤앤파커스, 2018

10 신조 게이야 <이익을 내는 사장들의 12가지 특징>,센시오,2018

신문,언론보도

11 김기만,안효주 <일광전구> 한국경제신문, 2019,1,1

12 김상태 <세월에 담긴 신뢰,지역의 오래된 가게>, 지역N문화, 2020,6,11

13 한눈경영,<넷플릭스>,브런치, 2018,5,12

14 브랜드워커 박요철 <삼진어묵>, 브런치, 2022,10,2

사양산업에서 살아남는 탈출법!
리프레임

초판 1쇄 발행 2023년 5월 24일

지은이 정수양
펴낸이 최현희
펴낸곳 샵북
디자인·인쇄 삼진커뮤니케이션즈

출판등록 2021년 2월 2일 제25100-2021-000009호
주소 서울시 중구 마른내로 10길12, 삼진빌딩 3층
홈페이지 www.samzine.co.kr
이메일 master@samzine.co.kr
전화번호 02-6272-6825

ⓒ 샵북, 2023
ISBN 979-11-979278-6-7

※ 잘못된 책은 구입한 곳에서 교환해드립니다.
※ 가격은 뒷표지에 있습니다.